Countdown zum Reichtum

unum

COUNTDOWN ZUM REICHTUM

21 TAGE, UM FÜLLE UND WOHLSTAND ANZUZIEHEN

Rhonda Byrne

unum

Die amerikanische Originalausgabe erschien 2025 unter dem Titel »Countdown to Riches« bei HarperCollinsPublishers, New York.

Deutsche Erstausgabe:
© GRÄFE UND UNZER VERLAG GmbH, Grillparzerstraße 8, 81675 München.
GU ist eine eingetragene Marke der GRÄFE UND UNZER VERLAG GmbH.

www.gu.de/kontakt | hallo@gu.de

1. Auflage 2025, ISBN: 978-3-7589-0015-0

Umschlag- und Buchgestaltung nach der Originalausgabe: designed von Creative Director Nic George und Graphic Artist Josh Hedlund für Prime Time US LLC.

Sofern nicht anders angegeben, sind alle Illustrationen von Nic George und Josh Hedlund.
Illustrationen auf S. 14, 30 und 104: © Oleksandr Moroz / stock.adobe.com;
S. 77: © Jakub and Jedrzej Krzyszkowski / Stocksy / stock.adobe.com; »100-Dollar-Scheine«, die im gesamten Text verwendet wurden: © liza / stock.adobe.com.

Übersetzung aus dem Amerikanischen: Elisabeth Liebl
Druck und Bindung: GPS Group

Dieses Buch wurde auf FSC®-zertifiziertem Papier aus nachhaltiger Waldwirtschaft gedruckt

Quellennachweise: siehe Seite 206

Savannah, Henley, River und Willow gewidmet
(meinen Enkelkindern)

Möge *Countdown zum Reichtum* euch zu einem traumhaften Leben voller Reichtum und Freude inspirieren.

Inhalt

Einleitung

Finanzielle Probleme haben nur eine einzige Ursache! Der Grund dafür ist weder, dass Sie zu wenig verdienen, nichts auf Ihrem Sparkonto haben, verschuldet sind oder irgendwelche anderen weltlichen Umstände. Finanzielle Schwierigkeiten werden allein durch unser Denken verursacht!

Unsere momentanen Lebensumstände sind das Ergebnis dessen, was wir denken und glauben. Das Geld, das Sie haben oder nicht haben, das Gehalt, das nicht ausreicht für Ihren Lebensunterhalt, der Geldmangel auf Ihrem Bankkonto – all das wird verursacht durch den Gedanken, nicht genug Geld zu haben. Doch dass viele von uns so denken, ist nicht unsere Schuld. Dieses Mangeldenken, dieses nicht genug wurden uns von klein auf von unseren Eltern und der Gesellschaft eingeimpft, indem man uns immer wieder vorgesagt hat: »Das können wir uns nicht leisten«, »Geld wächst nicht auf Bäumen«, »Geld macht nicht glücklich« oder sogar: »Geld ist die Wurzel allen Übels.« So wie wir denken, so ist es.

Nur wenige Menschen in der Geschichte unserer Zivilisation haben herausgefunden, welch gewaltige Offenbarung und Freiheit in diesen Worten liegt:

Wir leben in einem geistigen Universum.

Unsere Gedanken sind die Ursache von *allem*, was wir erleben, und unsere Lebensumstände sind das Produkt unserer Gedanken.

Die bewusste Kontrolle unserer Gedanken ist ein Universelles Gesetz, dem man im Laufe der Jahrhunderte die unterschiedlichsten Namen gegeben hat: das Gesetz des Karma, das Gesetz der Schwingung, das Gesetz der Anziehung, das Gesetz der Polarität, das Gesetz des Mentalen, das Gesetz von Rhythmus oder das Gesetz der Liebe, um nur ein paar zu nennen. Dieses Universelle Gesetz reagiert auf die Gedanken jedes einzelnen von uns: Das Gesetz sagt: »Ich materialisiere deine Gedanken. Ich werde dir geben, was du denkst, gleichgültig, was es ist, nicht mehr und nicht weniger.«

Jedem Ereignis in unserem Leben geht ein Gedanke voraus. Allem, was wir sagen, geht ein Gedanke voraus.

Allem, was wir tun, geht ein Gedanke voraus. Und das Universelle Gesetz reagiert unablässig auf diese Gedanken, wiederholt sie exakt und vervielfältigt sie mit der Präzision eines Fotokopierers, sodass alles, was Sie denken, in Ihrem Leben Gestalt annehmen wird. Egal, worauf Sie sich konzentrieren oder worüber Sie nachdenken, egal, ob Sie sich etwas wünschen oder nicht, es wird sich in Ihren Lebensumständen manifestieren.

Um finanziell frei und unabhängig zu werden, müssen Sie eben zu jenem Mittel greifen, das bis jetzt das Geld von Ihnen ferngehalten hat – Ihre Gedanken!

Das Universelle Gesetz reagiert nicht auf das, was gerade in Ihrem Leben passiert, oder auf Ihre momentanen Lebensumstände – es reagiert allein auf die Gedanken, die Sie *jetzt*, in diesem Moment, denken.

Um finanziell frei und unabhängig zu werden, müssen Sie sich ein für alle Mal von jedem Mangeldenken frei machen. Mangeldenken – eine Mentalität, unter der leider die Mehrheit der Bevölkerung leidet – entsteht, wenn man hauptsächlich Gedanken nährt, die um »nicht genug Geld« kreisen. Um finanziell frei und unabhängig zu werden, müssen Sie ein Wohlstandsdenken pflegen, das heißt, Sie denken überwiegend Gedanken finanzieller Fülle, so wie wohlhabende Menschen das tun.

Dafür braucht es nur einen *einzigen Schritt* von Ihnen: Nähren Sie die Gedanken, dass Sie reichlich Geld zur Verfügung haben, ohne irgendwelche widersprüchlichen Gedanken. Es ist wirklich so leicht, auch wenn es manchmal nicht einfach ist, wenn Sie Ihr Leben lang immer das Gegenteil gedacht haben. Wenn Sie dagegen weiter Gedanken nähren, zu wenig oder kein Geld zu haben, so kann sich Ihre finanzielle Situation nicht verbessern.

Zuerst muss Ihr Geist reich werden, muss Gedanken von Wohlstand, Fülle, reichlich Geld und finanzieller Freiheit hervorbringen. Dann werden sich diese Gedanken in Ihrem Leben widerspiegeln. Wenn Sie diesen einen Schritt vollziehen, dann wird das Universelle Gesetz die Energie von Menschen und Ereignissen in Be wegung setzen und Ihre finanziellen Verhältnisse so verändern, dass sie Ihre neue Art zu denken widerspiegeln.

ZUERST
MUSS
IHR
GEIST
REICH
WERDEN

Das Leben ist sehr einfach, wenn Sie verstehen, wie es funktioniert. Wenn Sie irgendetwas in Ihrem Leben verändern möchten, dann denken Sie über das nach, was Sie möchten, und nicht darüber, wie die Dinge sind – falls die Dinge nicht so sind, wie Sie möchten! Fassen Sie den Entschluss, dass Ihr Leben sich ändern wird, was Geld angeht – dass es Ihnen reicht mit dem ewigen Nicht-genug-Haben. Dass Sie sich stattdessen von nun an für Gedanken an finanzielle Fülle und finanzielle Freiheit entscheiden!

Ein Freund von mir wollte Reichtümer und einen wohlhabenden Lebensstil manifestieren und hat jahrelang mit entsprechenden Affirmationen und Visualisierungen gearbeitet. In dieser Zeit haben sich seine finanziellen Verhältnisse definitiv verbessert, und er erhielt mehrfach beträchtliche Geldsummen. Doch dann ereignete sich die große Manifestation, und diese Manifestation bescherte ihm Reichtümer und Wohlstand in einem Ausmaß, das seine wildesten Vorstellungen überstieg. Er versteht jetzt tiefer als je zuvor die Bedeutung des Satzes: *Denke und fühle so, als wärest du schon reich.* Mein Freund sagte mir außerdem, dass er, sobald er einmal wohlhabend war, zusehen konnte, wie sein Wohlstandsdenken und -fühlen kontinuierlich noch mehr Wohlstand manifestierte. Wohlhabend zu sein zog immer mehr

Wohlstand an aus dem einfachen Grund, weil er sich immer *wohlhabend fühlt.* Hätte mein Freund sich dieses Wohlstandsdenken schon früher angeeignet, hätte er schon Jahre zuvor großen Wohlstand manifestieren können! Und dass Sie dieses Wohlstandsdenken entwickeln, ist genau das, was ich mit diesem Buch erreichen möchte.

Psychologen sagen, dass es 21 Tage dauert, um in unserem Unterbewusstsein eine neue Gewohnheit zu erzeugen. In *Countdown zum Reichtum* werden Sie in 21 Tagen lernen, wie Sie Ihre Gedanken so einsetzen, dass Ihre finanziellen Verhältnisse sich zum Positiven verändern. *Countdown zum Reichtum* macht Sie mit einigen der denkbar einfachsten und zugleich wirksamsten Techniken überhaupt bekannt, die Ihnen helfen, finanzielle Fülle zu denken, darüber zu reden, sich darauf zu fokussieren und sie zu visualisieren. Wir werden Ihnen zeigen, wie Sie Ihr Denken von Mangel auf Wohlstand umschalten, sodass Sie sich endlich ein Leben in finanzieller Freiheit und Unabhängigkeit erschaffen können.

Lassen Sie den COUNTDOWN ZUM REICHTUM beginnen!

Tag 1

Ihre Wunschliste

Falls Sie Mangel beseitigen wollen,
konzentrieren Sie sich auf den Überfluss.
Charles F. Haanel, Autor

Würden Sie Gedanken an das Geld, das Sie gern haben möchten, nicht mit Gedanken konterkarieren, zu wenig Geld zu haben, würden Sie alles, was Sie sich wünschen, mehr oder weniger sofort empfangen. Ob es Gedanken darüber sind, was Sie sich wünschen, oder Gedanken, was Sie nicht wollen, beide verwirklichen sich gleichermaßen in Ihrem Leben. Das Problem dabei ist, dass vielen Menschen gar nicht bewusst ist, wie oft sie an Dinge denken, die sie nicht haben möchten. Und dann wundern sie sich, dass das Leben es nicht gut mit ihnen meint. Sollte das auch auf Sie und Ihr Leben zutreffen, dann wird sich das jetzt ändern. Es ist wirklich so einfach:

Ändern Sie Ihre Gedanken – ändern Sie Ihr Leben!

Ich möchte, dass Sie heute eine Wunschliste all der Dinge erstellen, die Sie gerne haben möchten und die mit Geld zu tun haben oder Geld kosten. Auf dieser Liste sollten mindestens zwanzig verschiedene Dinge stehen, doch Sie können so viele notieren, wie Sie möchten. Es gibt keine Grenzen für das, wonach Sie fragen können, und wie Sie noch sehen werden, gibt es auch keine Grenzen für das, was Sie empfangen können. Auf dieser Liste können große und kleine Dinge stehen, und es ist ganz hilfreich, beides zu mischen. Vielleicht wünschen Sie sich mehr Geld auf Ihrem Konto, eine Stelle mit einem bestimmten Gehalt, Schuldenfreiheit, ein neues Haus oder Auto, ein Erster-Klasse-Flugticket, ein besonderes Paar Schuhe, einen Laptop oder auch ein neues Handy.

Sie können gedanklich sämtliche Lebensbereiche durchgehen, Ihre körperliche Gesundheit, Ihre Arbeit, Ihr Zuhause und Ihre Hobbys. Sie können darüber nachdenken, wohin Sie gerne reisen würden. Möchten Sie ein ganz bestimmtes Konzert oder eine spezielle Sportveranstaltung besuchen? Wünschen Sie sich einen Swimmingpool? Ein Boot? Neue

Möbel, Haushaltsgeräte, Kleidung oder Schmuck? Möchten Sie gern einem Angehörigen oder einer gemeinnützigen Einrichtung Geld spenden?

Das ist Ihre *Wunsch*traumliste – die Dinge, die Sie kaufen würden, wenn Geld keine Rolle spielte.

Sollten sich Gedanken des Zweifels melden, dass Ihre Wünsche überzogen sind oder außerhalb Ihrer Möglichkeiten stehen, so beachten Sie diese nicht. Das Ganze soll Spaß machen, und Sie sollten sich wirklich super fühlen, wenn Sie Ihre Wunschliste schreiben. Wenn Sie sich nicht gut fühlen, hören Sie damit auf und machen weiter, wenn Sie wieder besser drauf sind. Dass Sie sich beim Schreiben Ihrer Wunschliste gut fühlen, ist wichtig für die Manifestation.

Wenn Ihre Wunschliste fertig ist, schreiben Sie neben jeden Eintrag den Geldbetrag, den das Ihrer Meinung nach jeweils kosten wird. Sie können die Preise recherchieren oder einfach schätzen. Ihre fertige Wunschliste könnte dann wie folgt aussehen:

1. Alle Schulden bezahlt	€ 8300
2. Neue Waschmaschine und Trockner	€ 1500
3. Schulden meiner Eltern begleichen	€ 7000
4. SUV	€ 70 000
5. Fernreise mit der Familie	€ 8000
6. Neuer Job mit 100 000 Euro Jahresgehalt	€ 100 000
7. 50 000 Euro Minimum Bankguthaben	€ 50 000
8. Neues iPhone	€ 1000
9. Neue Trainingsschuhe	€ 90
10. Neuer Regenmantel	€ 70

Und so weiter, bis mindestens zwanzig Dinge auf Ihrer Liste stehen.

Und das ist auch schon alles für heute!

Viel Spaß!

Tag 2

Verwandeln Sie Geldausgänge in Geldeingänge

Es gibt nur einen Weg,
wie Sie Wohlstand erlangen können:
Kontrollieren Sie Ihren Geist.
Eric Butterworth, Autor

Herrscht in Ihrem Leben Geldmangel, so heißt das, dass mehr Geld hinausgeht als hereinkommt. Der Hauptgrund dafür ist, dass Sie sich ständig auf Geldmangel (darauf, nicht genug zu haben) konzentrieren. Der Hauptgrund ist nicht in Ihren äußeren Lebensumständen zu suchen, wie zum Beispiel Ihrem Gehalt oder der Höhe Ihrer Ausgaben. Wenn Sie Ihre innere Einstellung von Mangel zu Fülle verändern, werden Ihre äußeren Lebensumstände (Ihr Gehalt, Ihre Ausgaben und Ihre finanziellen Verhältnisse insgesamt) sich auf magische Weise so verändern, dass sie Ihre veränderte Einstellung widerspiegeln.

Was das Ganze schwer machen kann, sind die negativen Gedanken und der emotionale Widerstand, die sich gewöhnlich breitmachen, wenn Sie nicht genügend Geld zur Verfügung haben und Geld bezahlen müssen: »Ich will das nicht zahlen.«, »Wenn ich diese Rechnung begleiche, habe ich kein Geld mehr übrig.«, »Mein Geld wird immer weniger und weniger.«, »Ich bin dauernd knapp bei Kasse.«, »Wie soll ich da jemals auf einen grünen Zweig kommen?« Doch diese negativen Gedanken und dieser emotionale Widerstand sind es, was das Geld von Ihrem Leben fernhält. Tatsächlich verhindern diese Gedanken und die sie begleitenden Emotionen nicht nur, dass Geld hereinkommt, sie erzeugen im Gegenteil sogar noch mehr Situationen und Umstände, die Sie zwingen, noch mehr Geld auszugeben!

Machen Sie sich klar, dass das Universum unbegrenzte Möglichkeiten hat, Ihnen Geld zufließen zu lassen. Unbegrenzte Möglichkeiten!

Lassen Sie sämtliche Gedanken los, dass Sie nur zu Geld kommen können, wenn Sie es mit Ihrer Hände Arbeit verdienen. Leider denken die meisten Leute so und folglich ist das ihre Wirklichkeit. Sobald Sie jedoch solche Glaubenssätze aufgeben und geistig offen werden, verändert sich alles. Ihr Beruf ist nur ein Weg, wie das Universum Ihnen Geld zukommen lassen kann. Öffnen Sie sich geistig für die Möglichkeit, dass Geld auf tausend unterschiedlichen Wegen, an die Sie niemals gedacht hätten, auf Ihr Konto fließen kann, dass Sie in Ihrer Post unerwartet Schecks finden können, infolge von mehr Situationen und Umständen, als Sie sich je hätten vorstellen können. Bleiben Sie geistig offen, denn mehr Geld zu bekommen ist einfach ein geistiger Zustand!

Wie das passiert, können Sie nicht beeinflussen – das Universelle Gesetz kümmert sich um alles. Es wird Menschen, Umstände und Ereignisse in Übereinstimmung mit Ihren Gedanken bringen und die Ergebnisse manifestieren. Ihre Gedanken sind Energie.

Alles in der materiellen Welt besteht aus Energie. Die Energie eines Gedankens zieht automatisch die Energie seiner materiellen Entsprechung zu seiner Quelle – zu Ihnen!

Es spielt keine Rolle, ob ein Gedanke wahr ist oder nicht – Sie können sich jedes erdenkliche Szenario vorstellen, und das Universelle Gesetz wird Ihre Vorstellung aufgreifen. Es reagiert nicht auf das, was Sie in der materiellen Welt sehen, sondern auf das, was Sie *denken.*

Die Praxis, die Sie heute lernen, ist eine höchst wirksame Technik, wie Sie Ihre Einstellung verändern und das Verhältnis zwischen dem Geld, das hereinkommt, und dem, das hinausgeht, komplett umkehren können. Als ich anfing, mich mit den Gesetzen unseres Geistes zu beschäftigen, habe ich ebenfalls diese Technik benutzt, und sie hat mir geholfen, meine geistige Einstellung gegenüber Geld schnell und dramatisch zu verändern.

Wenn Sie heute für irgendetwas Geld ausgeben, nutzen Sie jeden dieser Momente, dieses Geld wieder zu sich zurückzubringen, *indem Sie sich gut fühlen,* wenn Sie dieses Geld bezahlen. Wie können Sie ein *gutes Gefühl haben,* wenn Sie Geld ausgeben? Indem Sie sich stattdessen vorstellen, dass Sie dieses Geld *bekommen*! Ein Beispiel: Sie tanken Ihren Wagen für 50 Euro voll und wenn Sie diese 50 Euro zahlen, dann sagen Sie im Geist (und fühlen die Wahrheit Ihrer Worte): »Mehr Geld für mich! Ich habe noch mal 50 Euro bekommen!« Sie können sich auch vorstellen, dass Ihnen jemand einen 50-Euro-Schein gibt, dass Sie dieses Geld auf Ihr Bankkonto einzahlen, sich geistig *bedanken* für das Geld, das Sie gerade bekommen haben, oder im Geist für noch mehr Geld, das hereinkommt, auch lautmalend *kling, kling, kling* sagen. Seien Sie kreativ und wählen Sie Worte, die Sie begeistern und die für Sie überzeugend klingen. Je öfter Sie diese Technik anwenden (und dabei Spaß haben!), desto einfacher und glaubwürdiger wird sie.

Sobald Sie diese Technik ein paarmal ausprobiert haben, möchte ich, dass Sie sie auf die nächste Stufe heben und an jeden Betrag eine Null dranhängen. Ein Beispiel: Sie haben an der Tankstelle für 85 Euro getankt, dann würden Sie mit der zusätzlich drangehängten Null 850 Euro kriegen! Durchlaufen Sie dieselbe Prozedur wie vorher und fühlen Sie so lebhaft wie nur möglich: »Mehr Geld für mich! Vielen Dank! Ich habe noch mal 850 Euro bekommen.« Wenn Sie 120 Euro für Ihre Stromrechnung bezahlen, dann hängen Sie eine Null dran und machen 1200 Euro draus und stellen sich lebhaft vor, dass Sie gerade diesen Betrag bekommen haben. Oder wenn Sie einen Kaffee trinken und dafür 5 Euro bezahlen, dann stellen Sie sich vor, dass Sie gerade 50 Euro *bekommen* haben.

Wenn Sie heute für irgendetwas Geld ausgeben, dann kehren Sie jede dieser Situationen um und stellen sich vor, wie genau dieser Geldbetrag stattdessen *Ihnen* zukommt.

Diese Technik hilft Ihnen, *sich gut zu fühlen*, wann immer Sie für etwas bezahlen. Und wenn *Sie sich gut fühlen*, dann werden die Universellen Kräfte die Geldbeträge, die Sie sich vorgestellt haben, schneller manifestieren.

So simpel und ihrer Natur nach sogar kindlich diese Technik auch wirken mag, sie funktioniert! Wohlhabende Menschen denken stets an Geld, das sie bekommen, und freuen sich darüber. Geldmangel kommt in ihren Gedanken niemals vor.

Praktizieren Sie diese Übung jedes Mal, wenn Sie Geld ausgeben, und behalten Sie sie bei, bis Sie *Countdown zum Reichtum* durchgearbeitet haben. Wenn Sie möchten, dass Geld beständig in Ihr Leben strömt, dann hören Sie bitte auch danach nicht auf damit. Diese Übung kostet Sie nur einen Gedanken … doch dieser eine Gedanke verändert alles.

Tag 3

Wohlstands-affirmationen

Der Glaube an Begrenzung ist der einzige Grund für Begrenzung.
Thomas Troward, Autor und Richter

In unserem Kopf wimmelt es von Gedanken und Überzeugungen, die wir im Laufe unseres Lebens übernommen haben, und diese Gedanken und Überzeugungen sind es, die jetzt über die Tatsache bestimmen, ob wir Wohlstand erfahren – oder dessen Mangel. Viele dieser Überzeugungen wurden uns als Kindern eingepflanzt, als wir automatisch alles glaubten, was die Erwachsenen und die Gesellschaft uns erzählt haben. Wenn wir mit Geldproblemen kämpfen, haben wir in der Jugend wahrscheinlich viele Überzeugungen der folgenden Art gehört und verinnerlicht: dass nicht genug Geld da ist, dass man sich bestimmte Dinge nicht leisten kann, dass man für sein Geld schwer arbeiten muss, dass man

Geld nicht einfach aus dem Ärmel schütteln kann. Dem Universellen Gesetz, das unser Denken beherrscht, bleibt nichts anderes übrig, als sicherzustellen, dass wir alles, was wir glauben, in unserem Leben auch erfahren werden. Daher ist es unmöglich, dass wir Reichtum erleben, wenn wir an unseren Überzeugungen festhalten, dass das Geld knapp ist – selbst wenn diese Überzeugungen gar nicht stimmen.

Unser Geist funktioniert wie ein Computer und unsere Überzeugungen sind wie Computerprogramme. Und wie bei jedem Computer können wir die Programme, die in unserem Geist laufen, austauschen. Um unsere Überzeugungen zu ändern, verwenden wir dieselbe Methode, mit der wir sie zuvor in unserem Geist »installiert« haben – unsere Gedanken! Wenn wir Gedanken nähren, die das Gegenteil unserer Überzeugungen sind, und sie häufig wiederholen, können wir negative Glaubenssätze, die wir ungewollt unser ganzes Leben »heruntergeladen« haben, verändern.

Bewusst gewählte Gedanken, die ständig wiederholt werden, werden »Affirmationen« genannt. Heute werden Sie fünf Affirmationen über Geld auf Post-its oder mehrere Blatt Papier schreiben, die Sie dann so im Haus verteilen, dass Ihr Blick immer wieder darauf fällt (zum Beispiel am Spiegel im Bad, am Kühlschrank oder am Armaturenbrett Ihres Autos). Sie können Ihre eigenen Affirmationen schreiben, die sich mit Ihren finanziellen Zielen decken, oder die folgenden fünf Affirmationen verwenden:

Geld fließt mir leicht und mühelos zu.

Es kommt mehr Geld herein als hinausgeht.

Ich verdiene es, alles zu haben, was ich mir wünsche, einschließlich Geld.

Geld bleibt an mir kleben.

Reichlich Geld zu haben ist mein Geburtsrecht.

Außerdem werden Sie heute Abend damit beginnen, beim Schlafengehen meiner Stimme zu lauschen, die Ihnen zwanzig Minuten lang Wohlstandsaffirmationen vorliest. Dies ist eine der wirksamsten Techniken, die Sie anwenden können, um Ihre finanzielle Situation zu verbessern, weil sie beim Einschlafen in Ihrem Unterbewusstsein den Gedanken verankert, dass Sie mehr Geld haben – ohne dass irgendwelche widersprüchlichen Gedanken sich einschleichen können.

Diese unglaublich wirksame Übung praktizieren Sie in den nächsten 18 Tagen jeden Abend vor dem Einschlafen. Diese Affirmationen entfalten ihre optimale Wirkung, wenn Sie ihnen in einem Zustand der Entspannung lauschen, doch für den Fall, dass Sie keine Möglichkeit haben, sich die Aufnahme anzuhören, finden Sie die Affirmationen hinten im Buch abgedruckt, sodass Sie sie lesen können.

ZUR ERINNERUNG

Machen Sie weiter die Übung »Geldausgänge in Geldeingänge verwandeln«.

Hören Sie sich die Aufnahme der Wohlstandsaffirmationen an, wenn Sie heute Abend schlafen gehen.

Geld fließt mühelos und leicht zu mir.

Scannen Sie den QR-Code unten mit Ihrem Smartphone und befolgen Sie die Anweisungen zum Download der App mit den Wohlstandsaffirmationen.

TAG 4

DER »ICH WILL«-TAG

Das große Geheimnis, um im Leben das zu bekommen, was Sie wollen, ist, dass Sie wissen, was Sie wollen, und glauben, dass Sie es haben können.
Norman Vincent Peale, Autor und Geistlicher

Zitat aus dem Buch *The Secret. Das Geheimnis*:

Eine Epidemie, die schlimmer ist als jede Seuche, von der die Menschheit je heimgesucht wurde, wütet nun schon seit Jahrhunderten: die »Will-nicht«-Epidemie. Die Menschen tragen sie weiter, indem sie überwiegend denken, sprechen und tun, was sie nicht wollen. Heute aber lebt die Generation, die die Geschichte verändern wird, weil wir das Wissen erhalten, das uns von dieser Plage befreien kann! Das fängt bei Ihnen an; Sie können ein Pionier dieser neuen Denkbewegung werden, indem Sie über Ihre Wünsche und Träume nachdenken und sprechen.

Beantworten Sie mir eine Frage: Denken und sprechen Sie mehr über Dinge, die Sie möchten, oder denken und sprechen Sie mehr über Dinge, die Sie nicht möchten? Denn das Universelle Gesetz manifestiert das eine wie das andere. Sprechen Sie mehr über die Fülle von Geld, die Sie gerne hätten, oder sprechen Sie öfter über Geldmangel? Denn das Universelle Gesetz wird das manifestieren, worüber Sie am meisten reden.

Sagen Sie: »Meine Einkäufe waren lächerlich teuer.« Oder: »Ich habe heute eine Menge Sachen im Sonderangebot gekauft!«

Sagen Sie: »Ich kann mir keinen Urlaub leisten.« Oder: »Ich möchte bald Urlaub machen und würde wirklich gern nach Tahiti reisen.«

Sagen Sie: »Mein Chef würde nicht einmal im Traum daran denken, mein Gehalt zu erhöhen.« Oder: »Ich bin so dankbar, dass ich heute mein Gehalt bekommen habe. Ich schätze meinen Job wirklich sehr.«

Sagen Sie: »Die Benzinpreise sind wahnsinnig.« Oder: »Ich bin dankbar, dass mein Auto so wenig Wartung benötigt.«

Ich möchte, dass Sie heute versuchen, ausschließlich über solche Dinge nachzudenken und zu reden, die Sie haben möchten (speziell jene, die mit Geld zusammenhängen, aber probieren Sie, ob Ihnen das vielleicht bei allen Themen gelingt). Diese Praxis wird Ihr Leben verändern.

Je mehr Sie Ihren Geist darauf trainieren können, sich auf das zu konzentrieren, was Sie wollen, desto schneller werden sich Ihre Finanzen verändern.

Es ist gut, jemanden zu haben, der diese Übung gemeinsam mit Ihnen durchführt. Wenn einer von Ihnen rückfällig wird, kann der andere ihn wieder in die Spur bringen. Andernfalls bitten Sie das Universelle Gesetz, dass es Sie jedes Mal darauf aufmerksam macht, wenn Sie in alte Gewohnheiten zurückfallen: *»Bitte zeige mir klar und deutlich, wenn ich über etwas nachdenke oder spreche, was ich nicht möchte.«*

Sie können auch einen Vorsatz formulieren: *»Heute werde mich ausschließlich auf das konzentrieren und über das reden, was ich möchte.«*

Würden Sie
ausschließlich
über das nachdenken
und reden, was Sie
möchten, dann würden
Sie auch nur das
bekommen.
Darüber sollten Sie
ernsthaft nachdenken!

Zur Erinnerung

Machen Sie weiter die Übung »Geldausgänge in Geldeingänge verwandeln«

Hören Sie sich die Aufnahme der Wohlstandsaffirmationen an, wenn Sie heute Abend schlafen gehen.

Tag 5

Ihr Wunsch sei mir Befehl

Wir können unsere Zukunft nach unseren Wünschen gestalten.
Charles F. Haanel, Autor

Um Ihre Wünsche zu manifestieren, müssen Sie drei Schritte befolgen: fragen, glauben, empfangen. Heute werden wir uns auf Schritt 1 dieses Manifestationsprozesses konzentrieren – *fragen*.

Können Sie sich noch an die Geschichte von Aladin und der Wunderlampe erinnern? In jüngeren Versionen der Geschichte gewährt der Geist aus der Lampe nur noch drei Wünsche, doch in der Originalfassung erfüllt er eine unbegrenzte Zahl von Wünschen! Ursprünglich sollte die Geschichte aufzeigen, wie das Leben wirklich funktioniert: Der Geist steht für das Universelle Gesetz, und der Geist hört immer auf alles, wonach Sie fragen. Mit allem, was Sie denken, sagen oder tun, formulieren Sie eine Frage, denn all das ist mit Gedanken verbunden. Der Geist nimmt an, dass Sie all das, worüber Sie nachdenken, gern haben möchten! Dass Sie all das wünschen, wovon Sie sprechen! Dass Sie von allem, worauf Ihr Handeln gerichtet ist, mehr haben wollen! Sie sind der Herr, die Herrin des Universums, und der Geist ist dazu da, Ihnen zu dienen. Der Geist stellt Ihre Befehle nie infrage. Sie denken etwas, und der Geist beginnt unverzüglich damit, Menschen, Umstände und Ereignisse in Bewegung zu setzen, um Ihren Wunsch zu erfüllen. Auf jeden Gedanken, den Sie glauben, und auf jedes Wort, das Sie mit Überzeugung aussprechen, antwortet der Geist: »Dein Wunsch sei mir Befehl!«

Ob Sie etwas Bestimmtes wollen oder nicht wollen, macht da keinen Unterschied – wenn Sie es denken oder aussprechen, nimmt der Geist an, dass Sie darum bitten, und sagt: »Dein Wunsch sei mir Befehl!« Und schon manifestiert er es für Sie.

Genauso funktioniert das Universelle Gesetz. Das Gesetz reagiert auf Ihren Geist und empfängt all Ihre Gedanken. Mit jedem Ihrer Gedanken, jedem Wort und jeder Handlung er-

IHR WUNSCH SEI MIR BEFEHL!

füllen Sie Schritt 1 des Manifestationsprozesses und das Universelle Gesetz reagiert darauf sofort.

Nehmen Sie sich heute Ihre Wunschliste vor und wählen Sie daraus Ihre Top Ten – die zehn Dinge, die Sie sich *am meisten* wünschen. Addieren Sie die einzelnen Beträge, die jeder Wunsch kostet. Die Gesamtsumme tragen Sie zusammen mit Ihrem Namen und dem heutigen Datum ein in den Blankoscheck der Bank des Universums (auf der gegenüberliegenden Seite), den Ihnen der Geist ausgehändigt hat. Das ist alles! In dem Moment, da Sie den Scheck ausfüllen, sagt der Geist: »Dein Wunsch sei mir Befehl!« und setzt umgehend alle Energie in Bewegung, um Ihren Wunsch zu erfüllen.

Der Geist wählt immer den Weg des geringsten Widerstands, um etwas zu manifestieren. Daher werden Sie entweder das nötige Geld erhalten oder den gewünschten Gegenstand selbst. Wenn Sie das Geld erhalten, mit dem Sie sich einen Ihrer Wünsche erfüllen können, dann denken Sie daran, ihn von Ihrer Liste zu streichen und diesen Betrag von der Gesamtsumme abzuziehen.

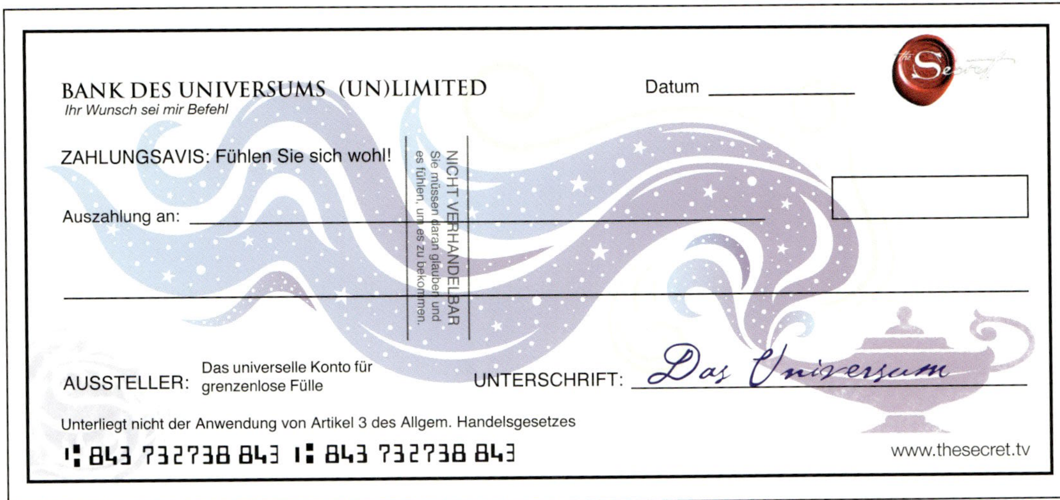
BANK DES UNIVERSUMS (UN)LIMITED
Ihr Wunsch sei mir Befehl

Datum ______

ZAHLUNGSAVIS: Fühlen Sie sich wohl!

NICHT VERHANDELBAR
Sie müssen daran glauben und es fühlen, um es zu bekommen.

Auszahlung an: ______

AUSSTELLER: Das universelle Konto für grenzenlose Fülle

UNTERSCHRIFT: Das Universum

Unterliegt nicht der Anwendung von Artikel 3 des Allgem. Handelsgesetzes

⑆ 843 732738 843 ⑆ 843 732738 843

www.thesecret.tv

Und denken Sie immer daran: Bei jedem Gedanken, den Sie haben, und bei jedem Wort, das Sie äußern, nimmt das Universelle Gesetz wie der Flaschengeist an, dass Sie danach fragen, und sagt:

»Ihr Wunsch sei mir Befehl!«

ZUR ERINNERUNG

Machen Sie weiter die Übung »Geldausgänge in Geldeingänge verwandeln«.

Hören Sie sich die Aufnahme der Wohlstandsaffirmationen an, wenn Sie heute Abend schlafen gehen.

TAG 6

ICH GLAUBE ES

Jeder von uns muss sein eigenes
Leben leben, seinen eigenen Traum weben,
und jeder von uns hat die Macht,
seine Wünsche wahr werden zu lassen,
solange er nicht aufhört, daran zu glauben.
Louisa May Alcott, Autorin

Schritt 2 des Manifestationsprozesses ist: glauben. »Glauben« heißt, dass Sie Ihr Unbewusstes davon überzeugen, dass Sie schon haben, was Sie sich wünschen und keine widersprüchlichen Gedanken darüber hegen, dass Sie es noch nicht haben. Wann immer Sie ohne widersprüchliche Gedanken an etwas denken, das Sie sich wünschen, muss und wird es sich manifestieren. Damit Sie Schritt 2 erfolgreich meistern, stellen Sie sich das Gewünschte vor und tun Sie so, als hätten Sie es schon, bis Ihr Unbewusstes es glaubt. Sobald es an etwas glaubt, reagiert das Universelle Gesetz mit sofortiger Manifestation!

GLA

U B E

Ihr Unbewusstes überlegt nicht und stellt keine Fragen. Es akzeptiert einfach alles, womit Sie es »füttern«, und das schließt sämtliche Mangelgedanken ein, mit denen Sie es in Bezug auf Geld vielleicht genährt haben. Wenn Sie sich vorstellen, reichlich Geld zu haben, dann verhindern solche Mangelgedanken dessen sofortige Manifestation, weil die Tätigkeit Ihres Unbewussten Ihrem tiefer sitzenden Mangeldenken folgt. Sie können aber diese Mangelgedanken überschreiben, indem Sie immer wieder bewusst und gezielt über das nachdenken, was Sie möchten, und sich ebenso bewusst immer wieder bildlich ausmalen, was Sie sich wünschen. Diese Gedanken und geistigen Bilder dessen, was Sie sich wünschen, werden schließlich an die Stelle der Mangelgedanken in Ihrem Unbewussten treten.

Das Universelle Gesetz, das Ihren Geist beherrscht, weiß nicht und kümmert sich nicht darum, ob etwas real ist oder Sie sich es bloß vorstellen – es erschafft Ihren Gedanken in der materiellen Welt so oder so.

Wenn Sie also ständig denken, einfach nicht genug Geld zu haben, wird das Gesetz weiterhin Nicht-genug-Geld in Ihrem Leben erschaffen. Wenn Sie sich aber Fülle vorstellen und nicht zulassen, dass sich Mangelgedanken in Ihrem Geist einnisten, wird das Gesetz auch die Fülle schaffen, die Sie sich vorstellen.

Für unsere heutige Praxis möchte ich, dass Sie so tun, als hätten Sie sich gerade drei Objekte Ihrer Wahl von Ihrer Wunschliste gekauft. Visualisieren Sie sich der Reihe nach mit jedem dieser Gegenstände etwa eine Minute lang und beenden Sie jede Visualisierung, indem Sie einen geistigen Schnappschuss von sich mit diesem Gegenstand machen. Die ganze Übung kostet Sie von Ihrer Zeit also nicht mehr als drei Minuten der Konzentration.

Wenn Sie sich zum Beispiel ein Auto wünschen, dann visualisieren Sie etwa eine Minute lang, wie Sie Ihr neues Auto fahren, und posieren dann für ein Foto mit dem Auto. Möchten Sie eine neue Uhr, visualisieren Sie, wie Sie den Ärmel hochschieben, damit man die Uhr sehen kann, und halten sie in die Kamera. Wünschen Sie sich einen Urlaub, stellen Sie sich vor, wie Sie am Ort Ihrer Träume für ein Foto posieren. Ich denke, Sie haben das Prinzip verstanden.

Solche mentalen Schnappschüsse von sich und dem Objekt Ihrer Wünsche zu machen, ist eine höchst wirksame Technik, um Ihr Unbewusstes davon zu überzeugen, dass Sie schon haben, was Sie sich wünschen. Unser Unbewusstes liebt Bilder – sie sind die Sprache, die es versteht. Wenn daher Ihr bewusster Geist das Bild von Ihnen mit Ihrem Wunschobjekt festhält, wandert es auf direktem Weg und mühelos in Ihr Unbewusstes. Und sobald das Bild in Ihrem Unbewussten liegt, wird das Universelle Gesetz es automatisch in Ihrer Wirklichkeit erschaffen!

Zur Erinnerung

Machen Sie weiter die Übung »Geldausgänge in Geldeingänge verwandeln«.

Hören Sie sich die Aufnahme der Wohlstandsaffirmationen an, wenn Sie heute Abend schlafen gehen.

Tag 7

Und Ihnen wird gegeben

Die Gesetze des Lebens werden nicht aufhören, denen zu geben, die sich eine empfangende Geisteshaltung angeeignet haben.
Christian D. Larson, Autor

Empfange ist der dritte und letzte Schritt des Manifestationsprozesses. Bei diesem Schritt kommt alles darauf an, dass Sie auf einer Gutfühl-Frequenz schwingen. Denn wie fühlen Sie sich, wenn Sie etwas bekommen, was Sie sich wirklich wünschen? Sie fühlen sich großartig, nicht wahr? Nun, dieses gute Gefühl ist faktisch eine energetische Frequenz, auf der Sie schwingen. Und auf dieser Gutfühl-Frequenz lässt Sie alles schwingen, was Ihnen ein gutes Gefühl vermittelt – all das, was Sie gern manifestieren möchten, eingeschlossen! Solange Sie dieses gute Grundgefühl aufrechterhalten, wird alles, jede Begegnung und jedes Erlebnis, das Sie im Laufe des Tages haben, weiter dazu beitragen, dass Sie sich gut fühlen – wozu natürlich auch die Manifestation Ihrer Wünsche gehört.

Ganz egal, wie Sie sich gestern oder früher am Tag gefühlt haben – was zählt, ist einzig und allein, wie Sie sich jetzt fühlen. Ihre gesamte Kraft und Energie ist jetzt und hier, denn was Sie anziehen, richtet sich nach Ihrer momentanen Energie, und Ihr momentanes Energielevel wird bestimmt von dem, wie Sie sich in diesem Augenblick fühlen.

Das ist der Grund, warum fröhlichen, optimistischen Menschen stets das Glück zu lachen scheint und alles sich stets zu ihren Gunsten wendet. Mit Glück hat das aber in Wahrheit nichts zu tun, sondern damit, dass sie ständig auf dieser fröhlichen Gutfühl-Frequenz schwingen, die für sie alles Gute anzieht. Und das ist auch der Grund dafür, warum unglückliche, pessimistische Menschen ständig unter Problemen und Schwierigkeiten zu leiden scheinen.

Das Universelle Gesetz wird die Erfahrungen, die Sie machen, immer auf Ihre Frequenz abstimmen. Wenn Sie sich also wunderbar fühlen, werden Sie nicht nur einen wunderbaren Tag haben. Auch die Tore des Universums werden weit für Sie offen stehen, sodass Sie alles empfangen, worum Sie gebeten haben.

Wenn Sie morgens erwachen und feststellen, dass Sie sich, warum auch immer, nicht gut fühlen oder sich nicht so gut fühlen, wie Sie gern möchten, oder wie sich Ihre Stimmung wegen negativer Gedanken verdüstert, dann versuchen Sie einen der nachfolgenden Stimmungsaufheller, um sich so schnell wie möglich wieder so gut wie möglich zu fühlen. Rechtzeitig zu merken, dass wir schlecht drauf sind, und dann etwas zu tun, das uns hilft, uns wieder besser zu fühlen, ist eine wichtige Maßnahme, um ein reiches und glückliches Leben zu führen. Uns JETZT glücklich zu fühlen und es zu sein ist der kürzeste Weg zur Erfüllung unserer Wünsche.

Wenn Sie glücklich sind, sind Sie auf der Frequenz des Empfangens. Sie können dann nur positiv denken über das, was Sie sich wünschen. Das bedeutet, dass Sie *noch mehr* Dinge bekommen werden, die Sie sich wünschen – mehr Geld eingeschlossen!

Sei glücklich!

Jetzt!

Stimmungsaufheller

- Rufen Sie einen Freund oder einen lieben Menschen an, der Sie zum Lachen oder auf andere Gedanken bringt.
- Gehen Sie fünf Minuten spazieren, am besten draußen in der Natur.
- Rufen Sie den positivsten, optimistischsten Menschen an, den Sie kennen.
- Schauen Sie sich einen Film mit Ihrem Lieblingskomiker an oder ein lustiges Video auf YouTube.
- Hören Sie Ihre Lieblingsmusik.
- Streicheln Sie ein, zwei Minuten lang Ihren Hund, Ihre Katze oder ein anderes Haustier.
- Umarmen Sie Ihr Kind, Ihren Ehepartner, einen lieben Menschen oder Freund.
- Schicken Sie einem lieben Menschen eine SMS und sagen Sie ihm oder ihr, was Sie an ihm wertschätzen.

- Gehen Sie für ein paar Minuten an die frische Luft zum Durchatmen.
- Essen Sie Ihre Lieblingsspeise.
- Gehen Sie hinaus und machen Sie barfuß ein paar Schritte im Gras oder auf der Erde.
- Setzen Sie sich ein, zwei Minuten lang still hin und beobachten Sie, wie Ihr Atem natürlich ein- und ausströmt.
- Bewegen Sie sich beziehungsweise tanzen Sie zu Ihrem Lieblingslied.
- Machen Sie sich etwas Warmes zu trinken und genießen Sie es – vorzugsweise draußen.
- Wenn Sie in der Öffentlichkeit unterwegs sind, machen Sie jemandem, den Sie nicht kennen, ein Kompliment.
- Gönnen Sie sich ein entspannendes Bad oder eine Dusche.
- Schreiben Sie zehn Dinge auf, für die Sie dankbar sind.

- **Schauen Sie Ihren liebsten Wohlfühlfilm oder Ihre Lieblingskomödie an.**

- **Lesen Sie ein paar Seiten oder auch ein ganzes Kapitel eines inspirierenden Buches wie zum Beispiel *The Secret. Das Geheimnis*.**

- **Schauen Sie sich den Film *The Secret. Das Geheimnis* an.**

- **Machen Sie eine Liste von fünf oder zehn Dingen, auf die Sie sich freuen.**

Vielleicht gibt es in Ihrem Leben Zeiten, da Sie das Gefühl haben, dass Ihre Stimmung sich, egal, was Sie tun, nicht wirklich verbessert. Akzeptieren Sie in solchen Zeiten einfach Ihre Gefühle. Bekämpfen oder verdrängen Sie solche Gefühle nicht, dann werden sie sich langsam von selbst in nichts auflösen. Wenn Sie merken, dass ein negatives Gefühl wiederkommt, dann erlauben Sie ihm, da zu sein, ohne dagegen anzukämpfen, und es wird sich wie vorher wieder auflösen. Dies ist eine einfache, aber nichtsdestotrotz sehr wirksame und fortgeschrittene Technik, wie Sie negative emotionale Zustände meistern können.

Zur Erinnerung

Machen Sie weiter die Übung »Geldausgänge in Geldeingänge verwandeln«.

Hören Sie sich die Aufnahme der Wohlstandsaffirmationen an, wenn Sie heute Abend schlafen gehen.

Tag 8

Geld in Ihrem Geist, Geld in Ihrer Hand

Beim Visualisieren – wenn Sie sich
ein mentales Bild machen – versuchen Sie nicht,
die Naturgesetze zu verändern. Sie bedienen sich ihrer!
Geneviève Behrend, Autorin

Für das Universelle Gesetz, das unseren Geist regiert, existiert keine Zeit. Für das Universelle Gesetz gibt es nur einen Moment, und der ist jetzt, dieser gegenwärtige Augenblick. Das ist der Grund, warum Ihre ganze Macht und Kraft hier und jetzt, in *diesem* Moment liegt. Ebenso wenig wie Zeit kennt das Universelle Gesetz »groß« oder »klein«.

Es besteht nicht der geringste Unterschied zwischen dem Manifestieren von einem Euro oder dem Manifestieren von einer Million Euro.

Also denken Sie immer daran, dass Zeit und Größe nicht existieren, wenn Sie etwas manifestieren möchten. Allein wir sind es, die mit unseren Vorstellungen von Zeit und Größe diese Konzepte real machen. Wenn Sie denken, dass ein Euro »klein« und daher leicht und schnell zu manifestieren ist, eine Million Euro aber »groß« und daher schwer zu manifestieren ist, dann werden Sie die Erfahrung machen, dass es tatsächlich viel Zeit braucht, um eine Million Euro zu manifestieren. Ganz egal, was Sie für wahr halten und glauben, der Geist sagt zu alldem immer nur: »Dein Wunsch sei mir Befehl.« Wir sind Schöpfer, und was immer wir denken – das Gesetz, das unseren Geist regiert, wird es manifestieren.

Heute möchte ich, dass Sie visualisieren, wie Sie einen ganz speziellen Geldbetrag anziehen – einen Euro! Schließen Sie Ihre Augen und visualisieren Sie, wie Sie einen Euro real in die Hand gedrückt bekommen. Spüren Sie es, als würde es wirklich passieren. Ich wähle bewusst die Summe von einem

Gold
999.9
NET WT
1000g

Euro, weil die meisten Leute glauben, dass es leicht ist, einen Euro zu manifestieren. Deswegen glauben sie auch spontan, dass es möglich ist. Schritt 1 und Schritt 2 des Manifestationsprozesses sind damit erfüllt, und Sie sind bereit für Schritt 3: *empfangen*!

Sie werden noch heute so gut wie sicher einen Euro manifestieren. Aber werden Sie es auch bemerken, wenn es passiert? Erinnern Sie sich daran, dass das Gesetz den schnellsten und einfachsten Weg finden wird, damit Sie diesen Euro bekommen – er könnte auf allen möglichen Wegen zu Ihnen kommen. Etwas, das Sie kaufen, ist ein Sonderangebot oder preisreduziert, Sie finden einen Euro auf der Straße, oder Sie bekommen einen Rabatt von einem Euro oder mehr. Seien Sie wachsam und halten Ausschau nach Ihrem Euro!

Unsere heutige Praxis scheint supersimpel zu sein, doch ihr ganzer Sinn und Zweck besteht darin, Sie die Macht der Manifestation erleben zu lassen, sodass Sie zu immer größeren und besseren Dingen voranschreiten können!

Zur Erinnerung

Machen Sie weiter die Übung »Geldausgänge in Geldeingänge verwandeln«.

Hören Sie sich die Aufnahme der Wohlstandsaffirmationen an, wenn Sie heute Abend schlafen gehen.

TAG 9

DANKBARKEIT VERMEHRT GELD

Sei dankbar für alles und du wirst beständig
immer mehr von allem erhalten.
Der einfache Akt, dankbar zu sein,
wird zum Weg zu ständiger Vermehrung.
Christian D. Larson, Autor

Dankbarkeit ist der einfachste und schnellste Weg, um in jedem einzelnen Bereich Ihres Lebens Veränderungen zu bewirken, speziell aber im Bereich Wohlstand. Wenn Sie für jeden Geldbetrag, den Sie besitzen, und sei er noch so klein, dankbar sind, vervielfachen Sie ihn. Sie können Ihr Geld auch dadurch vervielfachen, dass Sie Dankbarkeit empfinden für Geld, das Sie besessen haben oder das in der Vergangenheit für Sie ausgegeben wurde. Dankbarkeit vervielfacht alles, womit sie in Berührung kommt. Je tiefer Ihre Dankbarkeit, desto größer die »Multiplikationswirkung«.

Dankbarkeit ist der einfachste und

schnellste Weg,
Ihr Leben
zu verändern.

Wenn unsere Gedanken um den Geldmangel in unserem Leben kreisen, übersehen wir leicht, wie viel Geld und Fülle uns umgeben und uns im Laufe unseres Lebens schon umgeben haben. Daher werden wir uns heute den riesigen Geldbetrag ansehen, den Sie im Laufe Ihres Lebens schon bekommen haben. Indem Sie sich bei dieser Praxis auf frühere Fülle konzentrieren, vervielfachen Sie *heute* Ihr Geld.

Setzen Sie sich hin und nehmen Sie sich ein paar Minuten Zeit, um an Ihre Kindheit zurückzudenken, als Sie noch kein Geld oder viel Geld hatten. Machen Sie eine Liste von zwanzig verschiedenen Gelegenheiten, bei denen Geld für Sie ausgegeben wurde, was dasselbe ist wie Geld zu bekommen. Wenn Sie so in Ihren Kindheits- und Jugenderinnerungen zurückgehen, werden Sie erkennen, wie viele Dinge Sie bekommen und welche Fülle an Geld Sie in Ihrem Leben tatsächlich schon erlebt haben.

Hatten Sie immer Essen auf dem Tisch?

Haben Sie in einem Haus gelebt?

Haben Sie eine mehrjährige Ausbildung erhalten?

Hatten Sie Schulbücher, Schulessen und auch sonst alles, was Sie für die Schule gebraucht haben?

Sind Sie als Kind mit Ihren Eltern in die Ferien gefahren?

Was war das tollste Geburtstagsgeschenk, das Sie als Kind bekommen haben?

Hatten Sie ein Fahrrad, Spielsachen oder ein Haustier?

Haben Sie immer etwas Neues zum Anziehen bekommen, während Sie schnell aus Ihren alten Sachen herausgewachsen sind?

Haben Sie Geld fürs Kino bekommen? Sind Sie zum Sport gegangen? Haben Sie ein Musikinstrument erlernt oder ein Hobby gepflegt?

Wenn Sie krank waren, waren Sie dann beim Arzt und haben Medizin bekommen?

Waren Sie regelmäßig beim Zahnarzt?

Hatten Sie immer Dinge des täglichen Bedarfs zur Verfügung wie Zahnbürste, Zahnpasta, Seife und Shampoo?

Wurden Sie im Auto gefahren?

Hatten Sie Fernsehen, Telefon, Strom und Wasser?

All diese Dinge haben Geld gekostet, und Sie haben sie bekommen – kostenlos! Wenn Sie so Ihre Kindheits- und Jugenderinnerungen durchgehen, werden Sie erkennen, welche Mengen an Geld Sie im Laufe Ihres Lebens schon bekommen haben. Seien Sie für jede solche Gelegenheit, an die Sie sich erinnern, dankbar. Denn wenn Sie aufrichtige Dankbarkeit für das Geld empfinden können, das Sie früher bekommen haben, wird sich Ihr Geld jetzt und in der Zukunft auf magische Weise vermehren! Wenn Sie diese Übung durchführen, sollten Sie spüren, wie Ihnen warm ums Herz wird und Ihnen vielleicht sogar ein paar Tränen in die Augen steigen. Dann wissen Sie, dass Ihr tiefes Gefühl der Dankbarkeit den Jackpot geknackt hat.

Geben Sie sich selbst das Versprechen, dass Sie vom heutigen Tag an immer von Herzen dankbar sein werden, wenn Sie

Geld bekommen, egal, ob es Ihr Gehalt ist, eine Steuerrückzahlung oder ein Rabatt. Oder ob Sie ein Geschenk erhalten, für das jemand Geld ausgegeben hat. Jede dieser Situationen bedeutet, dass Sie Geld bekommen haben, und jede dieser Situationen ist für Sie eine Gelegenheit, die Macht der Dankbarkeit zu nutzen, um Ihren Reichtum noch stärker zu vermehren, indem Sie für das Geld danken, das Sie gerade bekommen haben.

Um die heutige Praxis abzuschließen, nehmen Sie einen Geldschein und kleben darauf einen Post-it-Notizzettel, auf den Sie geschrieben haben:

Danke für all das Geld, das ich im Laufe meines Lebens bekommen habe.

Stecken Sie diesen magischen Geldschein in Ihre Geldbörse oder in Ihre Tasche und tragen Sie ihn heute bei sich. Holen Sie mindestens einmal vormittags und einmal nachmittags (aber gerne, so oft Sie möchten) Ihren magischen Geldschein hervor und halten Sie ihn in der Hand. Lesen Sie, was Sie geschrieben haben, und seien Sie *aufrichtig* dankbar für all das Geld, das Sie in Ihrem Leben schon erhalten haben. Ich nenne ihn »magischer Geldschein«, weil es nichts gibt, das Geld schneller auf magische Weise manifestieren könnte als Dankbarkeit. Je aufrichtiger und tiefer Ihr Gefühl ist, desto schneller wird sich Ihr Geld vervielfachen!

Zur Erinnerung

Seien Sie dankbar, wann immer Sie Geld erhalten.

Machen Sie weiter die Übung »Geldausgänge in Geldeingänge verwandeln«.

Hören Sie sich die Aufnahme der Wohlstandsaffirmationen an, wenn Sie heute Abend schlafen gehen.

TAG 10

DER BUMERANG-EFFEKT

Sie können im Leben alles haben,
was Sie sich wünschen, wenn Sie
nur andere Menschen genug unterstützen,
das zu bekommen, was diese
sich wünschen.

Zig Ziglar, Autor und Motivationssprecher

Alles, was Sie in Gedanken, Worten oder Handlungen aussenden, kommt wie ein Bumerang zu Ihnen zurück. Und wenn das, was Sie ausgesendet haben, mit starken Gefühlen aufgeladen war, wird das, was zurückkommt, vervielfacht. Was wir über uns selbst oder andere auch reden oder denken mögen, was wir aussenden, kommt als energetischer Bumerang zu uns zurück. Und egal, ob wir über etwas reden, das wir wollen, oder etwas, das wir nicht wollen – es kommt zu uns zurück.

Natürlich ist das eine gute Nachricht, denn das heißt, dass Sie bewusst Gedanken von Wohlstand und Fülle aussenden können, und wenn hinter diesen Gedanken starke Gefühle stehen, können Sie bewirken, dass der Inhalt Ihrer Gedanken zu Ihnen zurückkehrt!

Als ich anfing, mein Denken von Mangel auf Fülle umzustellen, habe ich viele verschiedene Techniken ausprobiert und auch viele eigene entwickelt. Die Techniken, die sich für mich als die wirksamsten herausgestellt haben, habe ich alle hier zu dieser 21-tägigen Reise zum Manifestieren von Reichtum zusammengestellt. Eine Praxis aber habe ich besonders gern gemocht, und zwar die Praxis, Geld wegzugeben.

Die Idee dabei war, dass es mir im Umgang mit Geld – anstelle der üblichen negativen Emotionen wie Sorge, Angst oder Widerstand – ein gutes Gefühl vermitteln würde, wenn ich anderen Leuten Geld gab.

Zu der Zeit hatte ich einen Haufen Schulden, kein Geld auf der Bank und meine Kreditkarten waren fast bis zum Limit belastet. Verständlicherweise verursachte mir dieser Geldmangel jede Menge negativer Gefühle. An jenem speziellen Tag ging ich zum Geldautomaten und hob von meiner Kreditkarte mehrere 20-Dollar-Scheine ab. Ich wanderte eine belebte Straße entlang und hielt Ausschau nach Leuten, denen ich meine 20-Dollar-Scheine geben würde. Ich schaute jedem einzelnen Passanten ins Gesicht und stellte mir vor, wie ich ihm den Schein gab, während ich an ihm vorüberging. Mein größtes Problem war, dass ich jedem dieses Geld geben wollte! Es schien unmöglich, eine Entscheidung zu treffen. Doch während ich mir vorstellte, wie ich jedem dieser Menschen Geld gab, schmolz mein Herz dahin und ich hatte Tränen in den Augen. Noch bevor ich den ersten Zwanziger verschenkt hatte, hatte sich komplett verändert, wie ich über Geld dachte oder empfand.

Schließlich bat ich das Universum, mir zu zeigen, wem ich das Geld geben sollte, und es präsentierte mir zwei verschiedene Gelegenheiten, bei denen ich Leute sagen hörte, sie hätten nicht genug Geld, um etwas Bestimmtes zu kaufen. Ich ging auf sie zu und gab ihnen 20 Dollar. Ich habe an jenem Tag nur zwei 20-Dollar-Scheine verschenkt, aber in

meiner Vorstellung hatte ich über Hundert Leuten zwanzig Dollar gegeben.

Es ist wichtig anzumerken, dass ich nicht losgezogen bin, Geld zu verschenken mit der Absicht, mehr Geld in meine Richtung zu lenken.

Ich habe es verschenkt, um ein gutes Gefühl in Bezug auf Geld zu bekommen.

Mein Leben lang hatte ich negative Gefühle, was Geld anging, und das wollte ich ändern. Doch wenn Sie Geld verschenken und dabei Liebe verspüren, wird es sicher vielfach vermehrt zu Ihnen zurückkehren.

Diese Praxis machte ich an einem Freitagnachmittag. Am darauffolgenden Montag, nur achtundvierzig Stunden später, gingen auf meinem Konto 25 000 Dollar ein aufgrund einer geschäftlichen Vereinbarung, von der ich nichts gewusst hatte. Und vierundzwanzig Stunden später landeten noch mal 10 000 Dollar auf meinem Konto, ebenfalls aus einer unerwarteten Quelle. Alles in allem landeten also innerhalb weniger Tage 35 000 Dollar auf meinem Konto, nachdem ich real nur 40 Dollar, in meiner Vorstellung jedoch Hunderte von Dollar verschenkt hatte. Ich wusste ohne jeden Zweifel, dass dies aufgrund meiner Praxis passiert war, aufgrund der tiefen Gefühle, die ich an jenem Tag erfahren hatte.

Ihre heutige Übung besteht darin, dass Sie sich vorstellen, wie Sie völlig fremden Menschen Geld schenken. Stellen Sie sich vor, dass Sie ein dickes Bündel Hunderter in der Hand halten. Ihre Taschen sind ebenfalls mit Hundertern gefüllt, die Scheine werden Ihnen also nicht ausgehen. Stellen Sie sich bei jedem Menschen, an dem Sie vorübergehen oder zu dem Sie eine Verbindung herstellen, vor, dass Sie ihm ins Gesicht schauen und einen Hunderter geben!

Versuchen Sie, diese Übung mit so vielen Menschen wie möglich zu machen, aber mindestens mit vierzig. Und machen Sie diese Übung am Stück, statt sie über den Tag aufzusplitten, denn diese konzentrierte Anstrengung wird Ihnen helfen, tiefere Gefühle zu empfinden. Wenn es Ihnen heute nicht möglich ist, vierzig Personen zu begegnen, dann machen Sie diese Übung, sobald Sie das nächste Mal in einer größeren Menschenmenge unterwegs sind.

Vergessen Sie nicht:
Jeder Gedanke, jedes Wort,
jede Handlung, die
Sie aussenden, kommt
zu Ihnen zurück.
Und war das, was Sie
ausgesendet haben, mit
starken Gefühlen aufgeladen,
wird ein Vielfaches davon
zurückkommen.

Das Universelle Gesetz wird auf Ihre geistigen Bilder reagieren, als wären sie Wirklichkeit, und die heutige Übung sagt dem Gesetz, dass Sie so viel Geld haben, dass Sie es verschenken können!

Zur Erinnerung

Seien Sie dankbar, wann immer Sie Geld erhalten.

Machen Sie weiter die Übung »Geldausgänge in Geldeingänge verwandeln«.

Hören Sie sich die Aufnahme der Wohlstandsaffirmationen an, wenn Sie heute Abend schlafen gehen.

Tag 11

Dankbar in den Morgen

Je mehr Sie sich in der Kunst der Dankbarkeit üben, desto mehr werden Sie haben, wofür Sie dankbar sein können.

Norman Vincent Peale, Autor und Geistlicher

Im Matthäusevangelium gibt es eine Stelle, die jahrhundertelang viele Menschen vor ein Rätsel gestellt hat und häufig falsch verstanden wurde:

Denn wer da hat, dem wird gegeben und er wird die Fülle haben; wer aber nicht hat, dem auch, was er hat, genommen werden. (Mt 25,29)

Sie müssen zugeben, dass diese Passage, wenn man sie so hört, ziemlich ungerecht klingt, weil sie zu sagen scheint, dass die Reichen immer noch reicher und die Armen noch ärmer werden. Wie bei so vielen Bibelstellen birgt auch diese ein Geheimnis, das enthüllt, einen Schleier, der gelüftet werden muss. Doch sobald die Bedeutung dieser Stelle offenbar wird, zeigt sich ihre verborgene Macht. Sie ist der eigentliche Grund, warum diese Passage so verschleiert formuliert wurde, sodass nur diejenigen, die dafür bereit waren, diese verborgene Macht erkennen, die wahre Bedeutung dieser Worte sehen konnten.

Der Schlüssel zum Geheimnis und Mysterium dieser Passage ist ein verstecktes Wort. Hören Sie sich diese Stelle noch einmal an und das verborgene Wort wird enthüllt:

Wer immer **Dankbarkeit** hat, dem wird mehr gegeben, und er wird im Überfluss haben. Wer keine **Dankbarkeit** hat, dem wird auch genommen, was er hat.

Setzt man dieses verborgene Wort ein, so wird ein rätselhafter und falsch verstandener Text plötzlich sonnenklar. Tausende von Jahren sind verstrichen, seit diese Worte niedergeschrieben wurden, und sie sind heute noch so wahr wie eh und je: Wenn Sie sich nicht die Zeit nehmen, Dankbarkeit zu entwickeln, werden Sie nie mehr bekommen, und das, was Sie haben, werden Sie verlieren. Das Versprechen, was geschieht, wenn Sie dankbar sind, liegt in diesen Worten: *Wenn du dankbar bist, so wird dir noch mehr gegeben, und du wirst im Überfluss haben!*

Darum zieht sich das Thema Dankbarkeit wie ein roter Faden durch *Countdown zum Reichtum*. Sie ist eine starke Macht.

Darum sollen Sie heute oder morgen, sobald Sie aus dem Bett steigen und ins Bad oder in die Küche gehen, zehnmal im Geist wiederholen: »Ich danke für all das Geld, das in mein Leben kommt.« Und dann denken Sie an zehn Dinge, die Sie besitzen und wertschätzen und die Geld gekostet haben, zehn Dinge, für die Sie wirklich dankbar sind. Sie können sie laut oder in Gedanken aufzählen. Um Ihre Aufmerksamkeit und Ihr Gefühl der Dankbarkeit zu vertiefen und zu verstärken, können Sie für diese zehn Dinge auch eine Dankesliste schreiben. Fangen Sie jeden Satz an mit: »Ich bin so dankbar für …«

Wer immer
Dankbarkeit
hat, dem
wird mehr
gegeben,
und er
wird im
Überfluss
haben.

Denken Sie immer daran: »Wer immer **Dankbarkeit** hat, dem wird mehr gegeben, und er wird im Überfluss haben.« Und sehen Sie zu, wie Ihnen Ihr Gefühl der Dankbarkeit immer mehr von dem gibt, wofür Sie dankbar sind.

Zur Erinnerung

Seien Sie dankbar, wann immer Sie Geld erhalten.

Machen Sie weiter die Übung »Geldausgänge in Geldeingänge verwandeln«.

Hören Sie sich die Aufnahme der Wohlstandsaffirmationen an, wenn Sie heute Abend schlafen gehen.

Tag 12

Ihr Geld-Vision-Board

Visualisierungen sind das
große Erfolgsgeheimnis schlechthin.
Geneviève Behrend, Autorin

Würden Sie die unendliche Macht erkennen, die Sie haben, das zu sein, zu tun und zu haben, was Sie sich wünschen, würden Sie sich nie wieder Geldsorgen machen! Sie besitzen die absolute Herrschaft über Ihre Welt, doch das müssen Sie durch eigene Einsicht erkennen. Um Ihre unendliche Macht zu erkennen und HerrIn über Ihr Geld zu werden, müssen Sie erst HerrIn über Ihre Gedanken werden. Der erste Schritt zur Meisterschaft über Ihre Gedanken erfordert, dass Sie Ihre Gedanken stets positiv ausrichten, wenn Sie an Geld denken.

Heute werden wir die gewaltige Kraft Ihrer Gedanken auf das Positive ausrichten, indem wir ein Vision Board mit

Bildern von Geld machen. Wie Sie wissen, sind Bilder ein ausgesprochen kraftvolles Mittel, um Ihre Gedanken positiv auszurichten, denn Bilder und Symbole sind die Sprache des Unterbewusstseins. Jedes Mal, wenn Sie Bilder anschauen, die Wohlstand und Geld zeigen, werden diese Bilder Ihrem Unbewussten eingepflanzt – dem Ort Ihrer Überzeugungen!

Wenn wir den Glauben an Mangel auslöschen, kann uns Geld von allen Seiten zuströmen.

Sie können Ihr Geld-Vision-Board überall im Haus aufhängen, solange dies ein Platz ist, wo Sie es oft sehen, vielleicht sogar am Kühlschrank. Sammeln oder drucken Sie sich für Ihr Vision Board Bilder aus, die Geld zeigen: Münzstapel, Geldbündel, Währungssymbole, Bilder von Gold, Silber und allem, was für Sie Reichtum symbolisiert, wie zum Beispiel Ihr Traumauto, Ihr Traumhaus und so weiter. Das Board sollte überquellen von Symbolen für Geld und Wohlstand!

Außerdem sollen Sie auf Ihr Vision Board zwanzig verschie-

dene Geldbeträge schreiben. Mischen Sie kleine und größere Beträge, von denen Sie sich vorstellen können, dass Sie sie bekommen, zum Beispiel 5 €, 10 €, 100 €, 250 €, 500 €, 2000 €, 10 000 €, 100 000 €. Und jedes Mal, wenn Sie einen dieser Beträge manifestieren, entfernen Sie ihn und ersetzen ihn durch einen von Ihnen gewählten Betrag.

Schauen Sie sich Ihr Vision Board so oft wie möglich an. Je häufiger Sie Ihr Unbewusstes mit Bildern von Wohlstand und Reichtum aufladen, desto eher wird es glauben, dass Sie reich sind. Im Buch wie im Film The Secret. Das Geheimnis erzählt John Assaraf die erstaunliche Geschichte, wie er schließlich genau das Haus kaufte, dessen Bild er fünf Jahre zuvor auf sein Vision Board geklebt hat. Doch erst als er sein altes Vision Board in einem Umzugskarton gefunden hatte, begriff er, dass er, ohne dass es ihm bewusst gewesen wäre, sein Traumhaus gekauft hatte! Das zeigt, wie unglaublich kraftvoll diese Praxis ist!

Zur Erinnerung

Seien Sie dankbar, wann immer Sie Geld erhalten.

Machen Sie weiter die Übung »Geldausgänge in Geldeingänge verwandeln«.

Hören Sie sich die Aufnahme der Wohlstandsaffirmationen an, wenn Sie heute Abend schlafen gehen.

Tag 13

Ich bin Multimillionär

Träume hochfliegende Träume,
und wie du träumst,
so sollst du werden.
James Allen, Autor und Philosoph

Heute wird Ihnen die Macht Ihrer Vorstellungskraft einen unglaublichen Tag bereiten. Denn heute werden Sie Multimillionär!

Stellen Sie sich vor, dass Sie eben jetzt superreich sind. Stellen Sie sich vor, dass Sie mehrere Millionen auf der Bank haben. Was würden Sie dann in Ihrem Leben anders machen? Denken Sie an all das, was Sie dann tun würden. Wie würden Sie sich fühlen? Sie würden sich anders fühlen, würden anders gehen, anders reden. Sie würden auf alles anders reagieren.

Ich möchte, dass Sie sich heute den ganzen Tag wie ein Multimillionär fühlen und sich immer wieder selbst daran erinnern, dass Sie finanziell absolut und vollkommen frei und unabhängig sind, da Sie Multimillionär sind! Spüren Sie die Erleichterung, dass Sie sich nie wieder Geldsorgen machen müssen. Spüren Sie die Unbeschwertheit in dem Wissen, dass Sie sich alles leisten können, was Sie möchten. Fühlen Sie die Freude im Wissen, dass Sie Familie und Freunden finanziell helfen können. Lenken Sie Ihr Auto, als wäre es Ihr Traumwagen. Wandeln Sie durch Ihr Zuhause, als wäre es Ihr Traumhaus. Fühlen Sie sich, als wären Sie von Kopf bis Fuß in Ihre Lieblingskleidung gewandet. Besuchen Sie Ihr Lieblingsgeschäft oder den liebsten Online-Shop und stellen Sie sich vor, dass Sie alles kaufen können, was Ihr Herz begehrt. Malen Sie sich aus, wie Sie eine Weltreise erster Klasse in Ihre Lieblingsländer buchen. Wenn Sie auf der Straße Ihr Wunschauto sehen, stellen Sie sich vor, es sei Ihres. Wenn Sie ein schönes Haus sehen, stellen Sie sich vor, es gehöre Ihnen, denn heute sind Sie Multimillionär. Das erfordert Ihre besten Schauspielkünste, damit Sie Ihr Unbewusstes wirklich überzeugen. Holen Sie sich einen Oscar!

Es wird ein paar Leute geben, die mehrere Millionen anziehen, einfach indem sie im Geist die Vorstellung aufrechterhalten und daran glauben, dass sie Multimillionäre sind – und ich möchte, dass Sie einer von Ihnen sind!

Ich bin Multimillionär!

Zur Erinnerung

Seien Sie dankbar, wann immer Sie Geld erhalten.

Machen Sie weiter die Übung »Geldausgänge in Geldeingänge verwandeln«.

Hören Sie sich die Aufnahme der Wohlstandsaffirmationen an, wenn Sie heute Abend schlafen gehen.

Tag 14

Betrag dankend erhalten

Wenn Sie aber sich eines größeren Wohlstandes und Erfolges in Ihrem Leben erfreuen wollen, müssen Sie bewusst, mutig und wohlüberlegt Ihre Gedanken und Gefühle im Zaum haben und sie in Richtung Glück und Erfolg lenken.

Catherine Ponder, Autorin und Geistliche

Wie Sie mittlerweile wissen, erzeugen negative Gefühle über Geldmangel einen noch größeren Geldmangel in Ihrem Leben. Doch es kann eine ziemliche Herausforderung sein, keine negativen Gefühle zu entwickeln, wenn wir Rechnungen bekommen und bezahlen sollen. Wenn Sie nicht so viel Geld haben, wie Sie brauchen würden, können offene Rechnungen unsere Stimmung wirklich in den Keller schicken. Aber um finanziell so unabhängig zu werden, wie Sie es sich wünschen, müssen diese schlechten Gefühle beseitigt werden. Um diese schlechten Gefühle loszuwerden, habe ich mir rund ums Rechnungenzahlen verschiedene Spiele ausgedacht. Diese haben die unangenehmen Gefühle verändert, was mir schließlich geholfen hat, mein Mangeldenken in Wohlstandsdenken zu verwandeln.

Eines dieser Spiele, mit denen ich meine Einstellung verändert habe, sah so aus, dass ich mir vorgestellt habe, diese Rechnungen wären in Wirklichkeit Schecks. Wenn ich eine Rechnung öffnete, machte ich Freudensprünge und rief: »Hurra! Mehr Geld für mich! Danke, danke, danke!« Dann schrieb ich über jede Rechnung: »Danke für Ihre Zahlung!« und empfand ein Gefühl der Dankbarkeit dafür, dass ich dieses Geld erhalten hatte – das ging so weit, dass ich dabei Tränen in den Augen hatte.

Wenn ich schließlich den geforderten Betrag zahlen konnte, schrieb ich auf jede Rechnung: »Betrag dankend erhalten« – und zahlte dankbar.

Für die heutige Übung möchte ich, dass Sie alle momentan noch offenen Rechnungen hervorholen, sich die einzelnen Beträge ansehen und sich vorstellen, das sei ein Scheck, den Sie bekommen haben. Schreiben Sie dann auf jede Rech-

Danke
für Ihre
Zahlung!

nung: »Danke für Ihre Zahlung!« Liegen Ihre Rechnungen digital vor, drucken Sie sie aus und schreiben Sie auf jede einzelne: »Danke für Ihre Zahlung!«

Als Nächstes möchte ich, dass Sie zehn bezahlte Rechnungen nehmen und auf jede schreiben »Betrag dankend erhalten!« Empfinden Sie aufrichtige Dankbarkeit dafür, dass Sie das Geld hatten, diese Rechnungen zu bezahlen.

Ich selbst handhabe dies seit mittlerweile mehr als zwanzig Jahren so und schreibe nach wie vor über jede Rechnung: »Betrag dankend erhalten!« Und ich habe immer genug Geld, um jede Rechnung zu bezahlen. Ich möchte Sie ermutigen, meinem Beispiel zu folgen!

ZUR ERINNERUNG

Seien Sie dankbar, wann immer Sie Geld erhalten.

Machen Sie weiter die Übung »Geldausgänge in Geldeingänge verwandeln«.

Hören Sie sich die Aufnahme der Wohlstandsaffirmationen an, wenn Sie heute Abend schlafen gehen.

Tag 15

Bewusste Akte der Güte

Niemand kann reich werden,
wenn er nicht anderen zu Reichtum verhilft.
Earl Nightingale, Autor und Radiomoderator

Was wir aussenden, kommt zu uns zurück. Wenn wir also Gedanken über andere Menschen aussenden, kehren diese als Bilder unseres Lebens zu uns zurück. Hegen Sie beispielsweise über jemanden wuterfüllte Gedanken, dann werden diese Gedanken Ihnen schaden. Wir sind alle miteinander verbunden. Wir sind alle Teil des Einen Energetischen Feldes, des Einen Höchsten Geistes oder des Einen Bewusstseins. Wie Sie das auch nennen mögen, wir sind alle eins. Das Universelle Gesetz reagiert auf Sie und Ihre Gedanken, als wäre niemand sonst im Universum, denn in Wahrheit gibt es keine anderen, sondern nur das Eine Wesen. Was immer Sie denken, was immer Sie fühlen in Bezug auf an-

Güte zu schenken
ist gratis …

… aber ihr Lohn ist Reichtum.

dere Leute oder Dinge und Gegebenheiten, kehrt zu seiner Quelle zurück – zu Ihnen!

Wenn Sie Gedanken der Güte, der Freundlichkeit, der Dankbarkeit und Liebe hegen, wenn Sie anderen Gesundheit oder Wohlstand wünschen, dann kehren auch diese Gedanken als Bilder Ihres Lebens zurück!

Heute möchte ich, dass Sie sich bemühen, allen Menschen, denen Sie begegnen, Güte zu schenken, sodass sie sich besser fühlen, weil sie Ihnen begegnet sind. Grüßen Sie die Menschen, die Sie auf der Straße treffen. Machen Sie ihnen Komplimente, teilen Sie ihnen Ihre Wertschätzung mit. Schenken Sie ihnen ein Lächeln. Ermutigen Sie sie. Güte zu schenken ist gratis, aber ihr Lohn ist Reichtum.

Wenn Sie mit jemandem in Kontakt treten, möchte ich, dass Sie diese Person ansehen und ihr diesen Gedanken schicken: *Ich wünsche dir ein Leben voller Reichtum.* Fühlen Sie diese Worte und stehen Sie aus ganzem Herzen dazu. Oder Sie schicken diesen Gedanken an jede Menschengruppe, an der Sie heute vorüberkommen. An je mehr Menschen Sie gute Energie senden, desto mehr gute Energie wird in *Ihr* Leben strömen und Ihre finanzielle Situation verbessern.

Wenn wir unser Leben unserer wahren Natur nach führen können – die reine Güte ist –, dann wird unser Dasein absolut wundervoll sein!

Zur Erinnerung

Seien Sie dankbar, wenn Sie Geld erhalten.

Machen Sie weiter die Übung »Geldausgänge in Geldeingänge verwandeln«.

Hören Sie sich die Aufnahme der Wohlstandsaffirmationen an, wenn Sie heute Abend schlafen gehen.

Tag 16

Geld wächst *doch* auf Bäumen

Ich bin mit vielen Glaubenssätzen über Geld aufgewachsen. Wenn man es habe, verderbe es den Charakter; nur schlechte Menschen hätten Geld, Geld wachse nicht auf Bäumen – und so weiter. »Was glaubst du, wer ich bin? Rockefeller?« Ich wuchs also mit dem festen Glauben auf, das Leben sei schwierig.

Jack Canfield, Autor

Wenn Sie nicht reich geboren wurden, wenn Sie nicht im Überfluss aufwuchsen oder noch keine finanzielle Freiheit erlangt haben, dann haben Sie vermutlich Glaubenssätze verinnerlicht, die den Geldfluss in Ihr Leben beschränken.

Glaubenssätze wie diese:

1. **»Für Geld muss man hart arbeiten.«**

2. **»Nur der Job bringt Geld ein.«**

3. **»Sich Geld zu wünschen ist nicht spirituell. Es ist materialistisch.«**

4. **»Ich werde mir … nie leisten können.«**

5. **»Es geht nicht darum, was du kannst, sondern wen du kennst.«**

6. **»Geld ist die Wurzel allen Übels.«**

7. **»Reiche Menschen müssen unehrlich sein.«**

8. **»Man muss mit Geld geboren werden, um viel davon zu haben.«**

9. **»Ich bin nicht schlau genug, gut genug, qualifiziert genug oder gebildet genug, um Geld zu haben.«**

Hören sich diese Vorstellungen für Sie bekannt an? Dann lassen Sie mich Ihnen etwas verraten. Nicht eine dieser Idee ist wahr. Nicht eine! Sie tragen die Macht in sich, Ihre ganze Wirklichkeit zu erschaffen. Ihre Wirklichkeit kann also alles sein, was Sie sich wünschen. Wie könnten Sie also auf eine bestimmte Menge Geld beschränkt sein? Das kann nicht sein.

Nur Ihre eigenen beschränkenden Gedanken begrenzen, was Sie erfahren können.

Manchmal führt schon die Erkenntnis, dass diese Ideen nicht wahr sind, dazu, dass sie erschüttert werden, auseinanderbrechen und zerfallen. Heute aber werden wir daran arbeiten, dass dieses Mangeldenken überschrieben wird.

Vergessen Sie nicht: Jedes Mal, wenn Sie einen positiven Gedanken über mehr Geld hegen, wird Ihr Leben besser und nähert sich der finanziellen Freiheit an.

Welche der oben aufgeführten Vorstellungen vom Mangel treffen auf Sie zu? Lesen Sie nun unter der entsprechenden Ziffer *für jede dieser Überzeugungen drei Mal laut* das Gegenteil. Wiederholen Sie diese Praxis heute zweimal oder öfter.

1. **»Geld strömt mir aus allen Richtungen zu, ohne dass ich dafür etwas tun muss.«**

2. **»Das Universum hat UNBEGRENZTE Möglichkeiten, mir Geld zu schicken – ich muss nur meinen Geist für diese Möglichkeiten öffnen.«**

3. »Armut ist eine gesellschaftliche Last. Genug Geld zu haben ist nicht nur mein Geburtsrecht; es liegt vielmehr in meiner Verantwortung, sodass ich ein erfülltes Leben führen kann. Ein erfülltes Leben stärkt die Gesellschaft.«

4. »Ich kann mir … leisten, und alles, was ich sonst noch möchte.«

5. »Alles zu denken, was ich will, öffnet mir alle Türen.«

6. »Ich habe, was Geld angeht, ein gutes Gefühl.«

7. »Reiche Menschen haben ein Reichtumsdenken, und ich werde dies ebenfalls entwickeln.«

8. »Es ist nicht wichtig, mit wie viel oder wenig Geld ich zur Welt kam, alles, was zählt, ist, dass ich Überfluss und Wohlstand denke.«

9. »Wohlstand kommt von Wohlstandsgedanken.«

Sie können diese Reichtumsgedanken jeden Tag lesen, um alles Mangeldenken zu beseitigen. Die Wiederholung dieser Gedanken überschreibt die alten Überzeugungen. Wenn Sie also dieses Mangeldenken bei sich entdecken, dann ist die Wiederholung der gegenteiligen Gedanken das Beste, was Sie tun können, um dieses Denken ein für alle Mal zu überwinden!

Geld wächst *doch* auf Bäumen.

Zur Erinnerung

Wiederholen Sie die Reichtumsgedanken heute noch zweimal.

Seien Sie dankbar, wenn Sie Geld erhalten.

Machen Sie weiter die Übung »Geldausgänge in Geldeingänge verwandeln«.

Hören Sie sich die Aufnahme der Wohlstandsaffirmationen an, wenn Sie heute Abend schlafen gehen.

Tag 17

Heute strömt mir noch mehr Geld zu

Wir leben entweder bewusst
oder automatisch.
Kristin Armstrong, Sportlerin und Autorin

Ich wende die Praxis der Intention jeden einzelnen Tag in meinem Leben an. Es ist unverzichtbar, dass Sie das auch tun, wenn Sie mehr Geld für sich schaffen wollen.

Intention heißt, dass Sie Ihre Tage exakt so gestalten, wie Sie sich das wünschen. Sie sollten jeden Tag voller Intention leben.

Führen Sie Ihr Leben intentional!

Setzen Sie die Kräfte des Universums bewusst ein, indem Sie sich bei allem, was Sie tun, und wo immer Sie auch hingehen mögen, im Voraus ausmalen, wie es für Sie laufen soll. Dann gestalten Sie Ihren Tag intentional, und es wird nicht zu Fehlern, Pannen oder bösen Überraschungen kommen.

Sie können und sollten das Ergebnis von medizinischen Untersuchungen, Vorstellungsgesprächen, Meetings, Examen, Dates, Zusammenkünften, Ferien und Terminen bei Ärzten oder Zahnärzten mit einer Intention vorwegnehmen. Und Sie sollten *immer* intentional an eingehendes und ausgehendes Geld herangehen.

Wann immer Sie auf eine Rechnung warten oder darauf, dass Sie die Kosten für etwas Bestimmtes erfahren, dann richten Sie bewusst Ihre Absicht auf den von Ihnen gewünschten Betrag. Wagen Sie sich an niedrige Summen heran! Und fügen Sie dem von Ihnen intendierten Betrag immer ein »ODER WENIGER« hinzu! Wann immer Sie auf Geld warten, malen Sie sich den erwünschten Betrag aus und haben Sie den Mut, ihn hoch anzusetzen. Aber fügen Sie der von Ihnen intendierten Summe immer die Worte »ODER MEHR« hinzu.

Heute möchte ich, dass Sie die Macht der Intention erleben, indem Sie an Ihren ganzen Tag intentional herangehen. Alles, was Sie dabei zu tun haben, ist: Gehen Sie, bevor Sie loslegen, Ihren Tag in Gedanken durch, alles, was Sie geplant haben, und setzen Sie die Intention, dass alles mühelos und einfach und für Sie gut laufen wird. Sie leben Ihren Tag und vor *jeder* Aktion, jedem Plan – bis hin zu den kleinsten Dingen wie dem Kochen einer Mahlzeit oder einem Telefonanruf – setzen Sie die Absicht, wie das Ganze laufen soll. Intendieren Sie, dass alles glattläuft, ja, besser, als Sie es sich je hätten vorstellen können. Setzen Sie die Intention, dass sich alles perfekt fügt, dass Sie viel zu lachen haben. Setzen Sie die klare Absicht, dass Sie einen rundum großartigen Tag haben werden!

Tage, die nicht gut laufen, kosten uns manchmal Geld. Daher trägt diese Praxis dazu bei, dass Sie das Geld in Händen behalten. Aber Sie werden heute die Macht der Intention auch nutzen, um Ihr Geld zu vermehren. Zu diesem Zweck sagen Sie in jeder Stunde, die Sie wach sind, oder alternativ zehn Mal am heutigen Tag:

Heute strömt mir noch mehr Geld zu.

Dies ist Ihr Geldmach-Mantra für den heutigen Tag. Damit Sie nicht vergessen, es oft zu wiederholen, können Sie am Mobiltelefon eine Erinnerung einrichten.

Ich kann mir nicht vorstellen, auch nur einen Tag meines Lebens ohne die Macht der Intention zu leben. Sobald Sie das regelmäßig machen, wird es sich zu einer Ihrer machtvollsten Gewohnheiten entwickeln!

Zur Erinnerung

Seien Sie dankbar, wenn Sie Geld erhalten.

Machen Sie weiter die Übung »Geldausgänge in Geldeingänge verwandeln«.

Hören Sie sich die Aufnahme der Wohlstandsaffirmationen an, wenn Sie heute Abend schlafen gehen.

Tag 18

Hier kommt der Weihnachtsmann

Nur wenn Sie geben, sind Sie in der Lage,
mehr zu empfangen, als Sie schon haben.
Jim Rohn, Autor und Motivationscoach

Jeder Gedanke, den wir denken, geht hinaus in die Welt und wird immer, wirklich immer zurück zu seinem Ursprung gelenkt – zu Ihnen! Wenn wir darüber nachdenken, jemandem Geld zu geben, und das Geben uns wirklich mit Glück und Liebe erfüllt, dann kommen das Geld, das Glück und die Liebe zu uns zurück.

Auf der nächsten Seite finden Sie einen Scheck vom Universum über 100 000 Euro. Und heute werden Sie sich vorstellen, wie Sie in den nächsten acht Stunden *all* dieses Geld weggeben! Sie können es Familienmitgliedern schenken, Freunden, Kolleginnen, Bekannten oder Fremden, aber Sie

BANK DES UNIVERSUMS (UN)LIMITED
Ihr Wunsch sei mir Befehl

Datum **Heute**

ZAHLUNGSAVIS: Fühlen Sie sich wohl!

NICHT VERHANDELBAR
Sie müssen daran glauben und es fühlen, um es zu bekommen.

Auszahlung an: **Sie**

€ 100.000

Einhunderttausend

AUSSTELLER: Das universelle Konto für grenzenlose Fülle

UNTERSCHRIFT: *Das Universum*

Unterliegt nicht der Anwendung von Artikel 3 des Allgem. Handelsgesetzes

⑆ 843 732738 843 ⑆ 843 732738 843

www.thesecret.tv

müssen es Menschen geben, nicht Organisationen. Erstellen Sie auf dem Computer oder auf einem Blatt Papier eine Liste der Menschen, denen Sie es schenken wollen. Neben jeden Namen setzen Sie die Summe, die Sie geben möchten, bis Sie auf 100 000 Euro kommen. Sie können den ganzen Betrag einem Menschen geben, aber die Praxis entfaltet eine stärkere Wirkung, wenn Sie das Geld auf mehrere Leute verteilen.

Wenn Ihre Liste der Empfänger fertig ist und Sie auf 100 000 Euro kommen, dann setzen Sie sich hin und stellen sich vor, wie Sie jeder Person auf der Liste einen Scheck überreichen und ihr sagen, warum Sie ihr diese Geldsumme geben. Visualisieren Sie Ihre Reaktion darauf und spüren Sie die Liebe und das Glück, die Sie erfahren, weil Sie Ihren Reichtum mit dieser Person teilen können. Dann gehen Sie zur nächsten Person auf der Liste weiter, bis Sie sich bei jedem Menschen vorgestellt haben, wie er sein Geld bekommt.

Und dann sehen Sie zu, wie das Universum die Energie der Menschen, Umstände und Ereignisse orchestriert, um *Ihnen* das zurückzugeben, was Sie ausgegeben haben!

Zur Erinnerung

Seien Sie dankbar, wenn Sie Geld erhalten.

Machen Sie weiter die Übung »Geldausgänge in Geldeingänge verwandeln«.

Hören Sie sich die Aufnahme der Wohlstandsaffirmationen an, wenn Sie heute Abend schlafen gehen.

Tag 19

Mit Dankbarkeit die Zukunft regeln

Dankbarkeit baut eine Brücke zur Fülle.

Roy T. Bennett, Autor

Eine sehr machtvolle Möglichkeit, mit Dankbarkeit mehr Geld in Ihr Leben zu lenken, ist es, für das Geld, das Sie sich wünschen, dankbar zu sein, so als hätten Sie es bereits erhalten. Indem Sie so viel Dankbarkeit empfinden, als hätten Sie die gewünschte Summe bereits, vollziehen Sie gleichzeitig Schritt 1 und Schritt 2 des schöpferischen Prozesses. Dann müssen Sie, um all das Geld zu erhalten, nur noch eines tun: sich weiterhin gut fühlen. Und das ist Schritt 3!

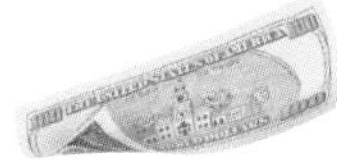

Seien Sie
dankbar für
das Geld,
das Sie sich
wünschen …

… als hätten Sie es bereits erhalten.

Vergessen Sie nicht: Für das Gesetz der Anziehung gibt es keine Zukunft oder Vergangenheit – es existiert nur der jetzige Moment. Das gilt übrigens für jedes Naturgesetz. Das Gesetz der Schwerkraft wirkt sich nicht in der Vergangenheit oder Zukunft aus. Die Naturgesetze und die spirituellen Gesetze funktionieren nur im gegenwärtigen Augenblick des *Jetzt*.

Wählen Sie heute fünf verschiedene Geldbeträge aus Ihrem Geld-Vision-Board aus. Dann schreiben Sie auf ein Blatt Papier oder in Ihren Computer: »Ich bin so glücklich und dankbar, weil ich … Euro erhalten habe.« Diesen Satz schreiben Sie für alle fünf Geldbeträge. Spüren Sie die Dankbarkeit dafür so intensiv, wie Sie nur können. So, als hätten Sie gerade diesen speziellen Betrag manifestiert.

Je tiefer und aufrichtiger Sie Dankbarkeit fühlen, desto schneller wird sich die Manifestation einstellen!

Sie werden nie im Voraus wissen, auf welchem Weg dieses Geld Ihnen zuströmen wird. Es ist auch nicht Ihre Aufgabe, zu wissen, wie das Geld zu Ihnen gelangt. Das Universelle Gesetz entscheidet, wie es Menschen, Umstände und Ereignisse nutzt, um das zu liefern, wofür Sie dankbar sind. Und das Spannendste dabei ist ohne jeden Zweifel die Überraschung darüber, wie dieses Geld zu Ihnen kam!

Zur Erinnerung

Seien Sie dankbar, wenn Sie Geld erhalten.

Machen Sie weiter die Übung »Geldausgänge in Geldeingänge verwandeln«.

Hören Sie sich die Aufnahme der Wohlstandsaffirmationen an, wenn Sie heute Abend schlafen gehen.

TAG 20

ERINNERN SIE SICH DARAN, SICH ZU ERINNERN

Es ist unabdingabr notwendig, das Negative loszulassen und das Positive einzubauen, wenn du ein positives, glückliches Leben willst.
Lester Levenson, Physiker und Unternehmer

In ungewissen Zeiten, wenn die Kosten steigen oder Geschichten von wirtschaftlichem Niedergang die Runde machen, kann es passieren, dass Sie sich dabei ertappen, wie Sie sich das Schlimmste vorstellen. Aber nichts davon muss auf Sie zutreffen, denn Sie wissen, wie das Leben wirklich funktioniert – dass alles durch Gedanken manifestiert wird!

IIn der Weltwirtschaftskrise gab es Menschen, die erfolgreich waren, weil sie die Macht des Geistes kannten und deshalb ihre Aufmerksamkeit auf Gedanken des Überflusses lenkten. Der Mangel tauchte in ihrem Denken gar nicht erst auf. Wenn Menschen das in einer Weltwirtschaftskrise schaffen, dann können wir das doch in der heutigen Welt ebenso. Es geht letztlich darum, dass wir uns gewahr werden, was wir denken und fühlen. Fühlen Sie sich gut, dann wissen Sie, dass Sie positive Gedanken hegen. Positive Gedanken sind Gedanken über das, was Sie wollen. Fühlen Sie sich schlecht, dann weil Sie negative Gedanken haben. Negative Gedanken sind Gedanken an das, was Sie nicht wollen.

Aber es beginnt alles mit Ihrer Bewusstheit darüber, was Sie denken und fühlen. Wenn Sie das nicht bemerken, dann können Sie am Tag buchstäblich Tausende Gedanken darüber haben, dass es Ihnen an Geld fehlt! Aber wenn Sie Bewussheit kultivieren, dann sind Sie in der Gegenwart, wo all Ihre Macht Ihnen zur Verfügung steht, und können Ihre Gedanken kontrollieren. Dann können Sie sicherstellen, dass Ihre Gedanken Ihnen dienen und sich auf viel Geld richten. Wie also steigern Sie Ihre Bewusstheit? Indem Sie immer wieder kurz innehalten und sich fragen:

Bin ich bewusst?

In dem Moment, in dem Sie sich diese Frage stellen, kultivieren Sie Bewusstheit, weil Sie Ihren Geist in die Gegenwart zurückgebracht haben.

Positive Gedanken
sind Gedanken darüber,
was Sie wollen.

Negative Gedanken
sind Gedanken darüber,
was Sie nicht wollen.

Bei der heutigen Übung geht es darum, dass Sie daran denken, Gewahrsein aufzubauen. Fragen Sie sich so oft wie möglich: »Bin ich bewusst?« Und Sie werden sofort merken, was Sie denken und fühlen.

Gewahrsein ist eine der stärksten Techniken überhaupt, denn wenn Sie sich Ihrer Gedanken und Gefühle gewahr sind, dann kann nichts Sie davon abhalten, den Überfluss zu manifestieren. Wenn Sie bewusst sind, dann hegen Sie keine widersprüchlichen Gedanken über das Fehlen von Geld, ohne es zu merken. Sie werden sich dessen sofort bewusst und ersetzen diese Gedanken mit solchen der Fülle. Und das ist für das Universelle Gesetz einfach *unwiderstehlich*

Zur Erinnerung

Seien Sie dankbar, wenn Sie Geld bekommen.

Machen Sie weiter die Übung »Geldausgänge in Geldeingänge verwandeln«.

Hören Sie sich die Aufnahme der Wohlstandsaffirmationen an, wenn Sie heute Abend schlafen gehen.

Tag 21

Fünfjahres-Manifestation

Wenn Sie sich viel Geld nicht vorstellen können,
dann werden Sie es auch nie auf dem Konto haben.
Napoleon Hill, Autor

Sie haben den letzten Tag des Countdowns zum Reichtum erreicht. Bravo! Genießen Sie heute jeden Moment dieser letzten Übung.

Eine der Techniken, die erfolgreiche und wohlhabende Geschäftsleute und Unternehmer immer anwenden, ist, sich Ziele für Finanzen und Leben zu setzen, zum Beispiel, wo sie in einem Jahr sein wollen, in drei Jahren und in fünf Jahren. Und Sie können sicher sein, dass Sie Ihre Ziele nicht nur erreichen, sondern sie sogar noch übertreffen! Warum ist das Zielesetzen so wichtig? Weil Sie, wenn Sie Ziele setzen, Schritt 1 des Schöpfungsprozesses vollziehen – Sie fragen. Zweitens: Wenn wir uns für die Zukunft Ziele setzen, dann glauben wir eher, dass wir sie erreichen können, weil sie ja nur einen gewissen Zeitraum entfernt sind. Damit haben Sie Schritt 2 vollzogen, den Glauben! Und wenn Sie ein Ziel haben, dann stellen Sie sicher, dass Sie auf das Ergebnis konzentriert bleiben und ständig positive Gedanken und Gefühle haben. Und je mehr Sie sich darauf konzentrieren, desto realer wird es sich anfühlen und desto eher werden Sie glauben, dass Sie es erreichen können und werden.

Heute notieren Sie in Ihrem Tagebuch oder auf Ihrem Computer, wie Ihre finanzielle Situation in fünf Jahren aussieht. Sie konzentrieren sich dabei nur auf das *Ergebnis*: darauf, wo Sie in fünf Jahren stehen. Es ist nicht von Belang, wie Sie an das Geld kommen. (Darum kümmert sich schon das Universum.) Sie müssen nur entscheiden, wo Sie in fünf Jahren finanziell stehen wollen. Seien Sie mutig! Aber bleiben Sie auch im Rahmen dessen, was Ihnen glaubhaft vorkommt.

Hier ein paar Fragen, die Ihnen helfen können, dieses Ziel zu formulieren:

Wie viel verdienen Sie?

Welche wichtigen Dinge haben Sie gekauft und wofür haben Sie Ihr Geld ausgegeben?

Wo leben Sie? Beschreiben Sie das Haus, in dem Sie wohnen.

Wie viel Geld haben Sie investiert?

Haben Sie vielleicht eine Immobilie gekauft?

Welche Art von Auto fahren Sie?

Wie viel Vermögen besitzen Sie?

Behalten Sie diese Ziele die nächsten fünf Jahre im Auge, und Sie werden erstaunt sein, wie viele Dinge in Ihrem Leben Wirklichkeit werden und sich manifestieren.

Sich Ziele zu setzen heißt, dass Sie Ihren Geist und seine schöpferische Gesetzmäßigkeit nutzen und so Ihre Zukunft *heute* schon mit Ihren Intentionen schaffen. Das ist eines der Geheimnisse erfolgreicher Menschen!

ZUR ERINNERUNG

Seien Sie dankbar, wenn Sie Geld erhalten.

Machen Sie weiter die Übung »Geldausgänge in Geldeingänge verwandeln«.

Hören Sie sich die Aufnahme der Wohlstandsaffirmationen an, wenn Sie heute Abend schlafen gehen.

Zu guter Letzt

Gratulation! Sie haben die 21 Tage des *Countdowns zum Reichtum* vollendet! Wenn Sie die Übungen gemacht haben, erleben Sie bereits massive Verbesserungen Ihrer finanziellen Situation. Zweifellos fühlen Sie sich richtig gut mit all den positiven Gedanken und Gefühlen, die Sie in den letzten Wochen hervorgebracht haben. Was immer bis jetzt passiert sein mag, es ist nur der Anfang! Es ist ein Tropfen im Ozean, verglichen mit dem, was Sie erleben können, indem Sie diese lebensverändernden Mittel einsetzen!

Um ein Leben in Wohlstand und finanzieller Freiheit zu erfahren, können und sollten all diese Techniken lebenslang praktiziert werden. Wenn Sie sich dafür entscheiden, können Sie für sich ein Leben erschaffen, das Ihre wildesten Träume übersteigt! Sollten Sie eines Tages merken, dass sich wieder finanzielle Probleme am Horizont abzeichnen oder mehr

Geld hinausgeht als hereinkommt, dann machen Sie diese Übungen für längere Zeit und öfter, bis die Probleme aufhören und der Geldfluss zu Ihnen wieder einsetzt.

Sie können dieses Buch auch an jedem erdenklichen Tag einfach zur Hand nehmen und aufschlagen: Die Übung, bei der Sie landen, ist dann perfekt für diesen Tag.

Hören Sie sich auch, sooft Sie wollen, die Affirmationen an. Vielleicht kommen Sie ja mal an einen Punkt, an dem Sie sie nur noch einmal die Woche hören, aber das ist gut, um Ihre Ausrichtung aufrechtzuerhalten.

In den letzten drei Wochen haben Sie sich diese lebenswichtigen Techniken zur Gewohnheit gemacht: Bleiben Sie am Ball! Machen Sie weiter und hören Sie niemals auf, Ihren Geist und Ihre Gedanken einzusetzen, um sich ein wohlhabendes und erfüllendes Leben zu schaffen, voller Reichtum, Glück und allem, was Sie sich nur wünschen können!

Mögen die Freude und der Reichtum mit Ihnen sein!

Rhonda Byrne

Scannen Sie den QR-Code mit Ihrem Smartphone und folgen Sie der Anleitung, um die Reichtumsaffirmationen herunterzuladen.

Wohlstandsaffirmationen

Für all jene, die die Audiodatei nicht hören können: Hier die Affirmationen, die Sie jeden Abend lesen sollten. Sie können sie auch laut lesen, leise entfalten sie allerdings mehr Kraft.

Geld fließt mir leicht und mühelos zu. • Ich bin ein Magnet für Reichtum. • Ich entscheide mich für finanzielle Freiheit. • Ich habe mehr als genug Geld. • Ich bin reich. • Ich weiß, dass es noch mehr unbegrenzte Möglichkeiten gibt, wie Geld mir zufließen kann. • Mein Überfluss steigt Tag für Tag. • Ich erlaube, dass mir noch mehr finanzieller Überfluss zuteilwird. • Ich bin dankbar für all das Geld, das ich in meinem Leben bekommen habe. • Ich beabsichtige finanzielle Freiheit für immer und ewig. Geld ist mein Freund. • Bei mir kommt immer mehr Geld herein, als hinausfließt. • Ich verdiene Geld, damit ich in diesem Leben alles tun kann, was ich möchte. • Meinen Überfluss mit anderen zu teilen, schenkt mir ein gutes Gefühl. • Ich besitze das Wissen, das ich brauche, um meinen Erfolg perfekt zu machen. • Ich bin finanziell am Gedeihen. • Ich beschließe jetzt, reich zu werden. • Ich liebe Geld und das

Geld liebt mich. • Ich werde jeden Tag in jeder Hinsicht immer reicher und reicher. • Ich habe mich für Wohlstand entschieden. • Ich bin dafür offen, alle Reichtümer zu empfangen, die das Universum mir geben will. Ich ziehe alles an, was ich brauche, um Erfolg zu haben. Ich werde in jeder Sekunde immer reicher. • Ich freue mich, wenn andere Menschen Geld bekommen. • Alles, was ich für den Erfolg brauche, kommt leicht und mühelos auf mich zu. • Ich wünsche mir – und allen Menschen – Glück und Fortüne. • Ich bin offen für das Geld, das über Wege zu mir strömt, die ich mir nie hätte ausmalen können. • Ich nutze Geld, um mein Leben und das anderer Menschen zu segnen. • Ich erhalte heute mehr Geld. Ich habe immer alles, was ich brauche. • Ich bin in allem, wofür ich mich einsetze, erfolgreich im Überfluss. • Das Universum hat sich eingeschworen, um mir alles zu geben, was ich brauche. • Ich bin mit Geld großzügig. • Wenn ich Rechnungen bezahle, kehrt das Geld immer vielfach zu mir zurück. • Ich bin ewig dankbar für den Überfluss und Wohlstand in meinem Leben. • Ich erschaffe mit Leichtigkeit Reichtum und Wohlstand. • Mein Reichtum nimmt jeden Tag in jeder Hinsicht immer mehr zu. • Geld fließt mir mit Leichtigkeit zu. • Ich habe immer genug Geld, um meine Bedürfnisse zu erfüllen. • Ich ziehe jeden Tag mehr und mehr Geld an. • Ich gebe gern, denn mein Überfluss ist grenzenlos. • Ich ziehe Geld mit Leichtigkeit und ohne Mühe an. • Ich verdiene alles Gute. • Ich habe mehr als genug. • Ich teile meinen Reichtum mit meinen Lieben. • Es ist mehr als genug Geld vorhanden und dieses Geld ist auf dem Weg zu mir. • Ich erhalte jeden Tag mehr und mehr Geld. • Ich bin dankbar für meinen ständig steigenden Reichtum und Wohlstand. • Ich habe genug Geld, um all meinen finanziellen Verpflichtungen nachzukommen – jetzt und immerdar. • Ich heiße die Fülle und alle Reichtümer des Planeten in meinem Leben willkommen. • Ich danke dem Universum für all den Wohlstand, der heute mein ist. • Ich freue mich darauf, zu sehen, woher mir als Nächstes mehr Geld zuströmt. • Wohlstand und Fülle sind mein Geburtsrecht. • Ich verdiene es, reich zu sein. • Meine Absicht ist es, dass mir heute Geld zufließt. • Ich sage JA zur finanziellen Freiheit für mich und alle Menschen um mich herum. • Ich bin offen für die Möglichkeit, dass mir aus allen Richtungen Geld zufließt. • Die Welt war niemals reicher, und ich empfange immer mehr von diesen Reichtümern. • Finanzielle Freiheit steht mir offen – ich wähle sie für mich selbst. • Ich öffne mich für die Möglichkeit, dass Glück und Fortüne mein sind. • Das Universum sorgt ständig für all den Reichtum, den ich für ein erfülltes, glückliches Leben brauche. Wohlstand, • Überfluss, Reichtum, Schätze, Fülle und finanzielle Freiheit stehen mir ganz von selbst offen, während ich meinen Geist darauf ausrichte. • Ich habe eine Entscheidung gefällt: »JA, JA, JA zu mehr Geld.« • Ich erlaube dem Geld in all seinen Formen, ununterbrochen in mein Leben zu fließen. • Das Universum hat meinen Befehl für mehr Geld erhalten und wird dafür sorgen, dass es mir zukommt. • Enormer Reichtum steht mir jederzeit zur Verfügung – ich öffne mich, um ihn zu empfangen. • Kann ich finanzielle Freiheit erreichen? • Ja, das kann ich. • Ich erhalte unerwartete Schecks mit der Post. • Ich öffne meine Handflächen nach oben und heiße damit Geld in meinem Leben willkommen. • Geld strömt mir zu. • Ich gebe mir die Erlaubnis, alles zu haben, was ich mir wünsche. • Es ist genau die richtige Zeit für mich, reich zu sein. • Ich habe, was immer es braucht, um Erfolg zu haben. • Ich heiße Wohlstand, Gesundheit und Glück in meinem Leben willkommen. • Geld WÄCHST auf Bäumen. • Geld ist grenzenlos vorhanden; wie die Luft und der Himmel ist es überall. • Ich muss nicht reich sein, um glücklich zu sein, aber ich muss glücklich sein, um reich zu werden. • Ich ziehe all das Geld an, das ich brauche, um mein erfülltestes Leben führen zu können. • Geld taucht ständig auf unerwartete Weise in meinem Leben auf. • Ich bin ein Geldmagnet. • Natürlich kann ich finanziell frei sein. • Geld wächst mir aus verschiedenen Quellen zu. • Ich treffe die bewusste Entscheidung, nun finanziell frei zu sein. • Geld hört nie auf, in meine Richtung zu fließen. • Ich ziehe mühelos den Reichtum an. • Ich bin großzügig, und das Universum erstattet mir alles hundertfach zurück. • Ich habe immer genug Geld für alles, was ich im Leben tun möchte. • Je mehr ich meinen Reichtum teile, umso größer wird er. • Ich bin ein Kanal für den Fluss der Fülle im Leben. • Geld gehört zu mir. Ich bin offen dafür, noch mehr Überfluss in jedem Bereich meines Lebens zu erfahren. • Ich mache Geld im Schlaf. • Ich bin so dankbar, dass ich meinen Reichtum mit anderen teilen kann. • Die Entscheidung für finanzielle Freiheit ist so simpel wie die, im Laden Milch zu kaufen. • Ich weiß, dass ich eben jetzt des Reichtums würdig bin – so, wie ich bin. • Ich genieße die Freiheit, die Geld in mein tägliches Leben bringt. • Ich bin Urheber von Reichtum. • Ich bin jeden Tag meines Lebens mit Überfluss gesegnet. • Ich erfreue mich finanzieller Freiheit. • Ich bin dankbar, weil ich alles Geld erhalte, das ich brauche. • Mein Bankkonto ist gefüllt, mein Herz ist erfüllt, mein Leben ist erfüllt. • Ich weiß, wie ich mir den Universellen Fluss grenzenloser Fülle erschließe. • Reichtum ist ein Segen, der mein tägliches Leben erfüllt. • Finanzielle Freiheit ist nicht nur möglich, sie ist jetzt schon hier. • Ich lächle voller Dankbarkeit, wenn ich an den Überfluss in meinem Leben denke. • Geld fließt mir so leicht zu, dass ich mir alles leisten kann, was ich möchte. • Danke für den Wohlstand, nach dem ich mich einst gesehnt habe. • Das Universum will mir alles geben, was ich mir wünsche. • Ich lasse alle Gedanken, jeden einzelnen, los, der nicht im Einklang mit meiner finanziellen Freiheit steht. • Ein erfülltes und reiches Leben ist das Geburtsrecht jedes menschlichen Wesens. • Ich sage Dank dafür, dass ich reich, gesund und glücklich bin und dass mein Leben von der göttlichen Ordnunggelenkt wird. • Geld, Geld, Geld – ist jetzt und hier manifest in reicher Fülle. • Jeder Tag ist für mich günstig; jede Situation ist für mich günstig. • Ich habe immer weit mehr

Geld, als ich brauche. • Verschwenderischer Überfluss füllt mein Leben jeden Tag in jeder nur möglichen Weise. • Ich verdiene all die Reichtümer, die ich mir wünsche. • Das Universum will, dass alle Menschen in Wohlstand leben. • Ich bin heute und für immer finanziell unabhängig. • Ich verfüge, dass sich jede finanzielle Tür, jeder Kanal für mich öffnet und mir Zugang zu grenzenlosem Überfluss bietet. • Ich erhalte all das Geld, das ich brauche, um ein erfülltes Leben zu führen. • Ich wende mich von jeglichem Zweifel ab und behalte unerschütterlich meine finanzielle Freiheit bei. • Jetzt ist der perfekte Zeitpunkt, damit Geld mir im Überfluss zuströmt. • Ich bin überglücklich über all die Wege, auf denen Geld zu mir kommt. • Je mehr Geld ich teile und gebe, desto mehr fließt auf mein Bankkonto. • Große Geldsummen gehen mir mühelos zu. • Ich bin eins mit den grenzenlosen Reichtümern meines wahren Wesens. • Ich vertraue darauf, dass die göttliche Kraft mich mit Fülle umgibt. • Es ist mein Geburtsrecht, reich, erfolgreich und glücklich zu sein. • Es fühlt sich so gut an, finanziell frei zu sein. • Ich liebe mein Leben im Überfluss! • Grenzenlose Intelligenz erfüllt mich zu jeder Zeit mit Weisheit, Erfolg und Wohlstand. • Ganz egal, wo ich bin oder was ich tue, mir wird nur das Beste zuteil. • Ich lasse jede Angst los, nicht genug zu bekommen. • In diesem Jahr fließt mir mehr Geld zu als bisher in jedem anderen Jahr. • Ich werde Tag für Tag von der Grenzenlosen Intelligenz zu Glück, Wohlstand und Reichtum geführt. • Geld fließt mir in großer Menge zu. • Alles arbeitet für mein höchstes Wohl. Ich habe mich immer gefragt, wie es sich anfühlt, wirklich reich zu sein, und jetzt weiß ich es. • Ich liebe es, all die überraschenden Wege zu entdecken, auf denen das Universum mir Geld zufließen lässt. • Jeder Euro, den ich ausgebe, fließt vielfach zu mir zurück. • Mein Leben ist ganz Fülle. Ich bin ein Magnet für Reichtum und Wohlstand. • Ich kann mit jedem meiner Gedanken mehr Geld anziehen. • Ich bin reich, reich, reich. • Ich muss mir um Geld keine Sorgen mehr machen. • Ich denke nur Gedanken voller Wohlstand und Überfluss. • Ich träume schon lange davon, so reich zu sein. • Ich lasse all meine Gedanken und Glaubenssätze los, die nicht meinem Wohlstand dienen. • Ich bin entschlossen, ein Mindset für Reichtum zu entwickeln. Wohlstand erfüllt jede Zelle meines Körpers. • Ich weiß alles, was ich wissen muss, um JETZT reich zu sein. Ich lasse zu, dass mir Geld in hohen Beträgen zufließt. • Ich bin offen dafür, all den Reichtum zu empfangen, damit ich ein erfülltes und glückliches Leben führen kann. • Ich habe immer mehr als genug Geld. Ich mache Geld im Schlaf. • Jeder Euro, den ich voller Dankbarkeit ausgebe, kehrt vielfach zu mir zurück. • Ich bin reicher als in meinen wildesten Träumen. • Ich bin ein lebender, atmender Geldmagnet. • Mit jedem Gedanken der Fülle ziehe ich mehr Geld an. • Ich bin jeden Tag offen dafür, Geld aus überraschenden Quellen zu erhalten. • Ich erlaube, dass mehr Geld in mein Leben fließt als je zuvor. Wohlstand und Überfluss jeglicher Natur werden von mir angezogen. • Ich bin so unglaublich dankbar für all das Geld, das ich in meinem Leben hatte. • Jeder Reichtumsgedanke, den ich hege, verändert meine Finanzen und mein Leben. • Ich lasse alle Widerstände rund ums Geld los, damit es frei in mein Leben fließt. • Alles ist gut. • Ich lasse zu, dass Glück und Freude mein vorherrschender Zustand sind. • Ich bin offen und empfangsbereit für all das Gute, das das Universum zu bieten hat. • Mir fließt mehr Geld zu. • Jeden Monat steigt der Geldbetrag auf meinem

Bankkonto dramatisch an. • Ich bin dankbar für jeden Geldbetrag, den ich erhalte. • Mein Geist ist ein Geldmagnet. • Ich bin jetzt schon reich und lenke meinen Geist darauf, diesen Reichtum zu empfangen. • Wann immer ich Geld auszahle, kehrt es vielfach zu mir zurück. • Geld fließt mir ganz natürlich zu, wie die Luft, die ich atme. • Mein reiches Leben zu visualisieren, ist aufregend. • Geld fließt mir aus unerwarteten Quellen zu. • Ich habe die Macht, den Reichtum zu schaffen, von dem ich träume. • Mein Geist gibt mir ständig Reichtumsgedanken ein. • Ich ziehe mein erträumtes Leben in Reichtum an. • Mein Bankkonto wächst jeden Tag. • Ich ziehe all das Geld an, das ich für alles brauche, was ich mir wünsche. • Ich bin so dankbar dafür, finanziell frei zu sein – danke, danke, danke. • Ich liebe es, meinen Wohlstand mit meiner Familie und meinen Freunden zu teilen. • Das Universum kümmert sich um mich. • Ich sehe Geld auf mich zukommen. • Ich bin reich, gesund und so glücklich. • Je mehr ich gebe, desto mehr erhalte ich. • Ich liebe mein glückliches, erfülltes Leben. • Meine Finanzen wachsen jeden Tag an. • Ich habe ein unerschütterliches Reichtums-Mindset. • Jedem Menschen steht unbegrenzter Reichtum zur Verfügung. • Ich verdiene es, dass meine Träume wahr werden. • Je reicher und glücklicher ich bin, desto mehr habe ich, was ich mit anderen teilen kann. • Ich verdiene es, reich zu sein. Reichtümer sind mein Geburtsrecht. • Ich liebe es, Schecks in der Post zu finden! • Das Universum hat unbegrenzte Möglichkeiten, mir Geld zu schicken. • Ich bin auf der Frequenz des Reichtums unterwegs. Finanzielle Freiheit ist einfach. • Ich bin offen dafür, alle Reichtümer zu bekommen, die ich mir wünsche. • Ich bin mit dem Reichtum eins. • Überfluss kommt in den verschiedensten Formen auf mich zu. • Danke für die Überfülle, die mich ständig umgibt und durchströmt. • Geld reagiert magnetisch auf mich, und ich reagiere magnetisch auf Geld. • Ich habe viele verschiedene Einnahmequellen. Ich liebe mein reiches Leben! • Reichtum fließt ständig in mein Leben. • Meine Absicht ist die finanzielle Freiheit für mich und alle Menschen. • Geld fließt mir mühelos zu. • Ich trainiere meinen Geist ununterbrochen auf Reichtum hin. • Das Universum sorgt für alle meine Bedürfnisse. • Ich bin so dankbar für den Reichtum, den ich Tag für Tag anziehe. • Meine Reichtumsgedanken ändern in diesem Augenblick meine finanziellen Umstände. • Ich liebe es, darüber nachzudenken, dass ich viel Geld habe. Ich bin so dankbar für den Reichtum, mit dem ich gesegnet bin. • Ich inspiriere jeden Menschen um mich herum, mit der Kraft seines Geistes Reichtum zu erschaffen. Ich verdiene Wohlstand. • Das Universum will Fülle für mich. • Ich bin ganz auf Reichtum konzentriert, daher ist der Reichtum mein. • Das Gefühl, finanziell frei zu sein, ist wunderbar. • Meine Gedanken richten sich ständig auf Geld, Wohlstand und Reichtümer aus. • Ich bin wohlhabend. • Ich bin wohlhabend. • Ich bin wohlhabend. • Ich bin reich. • Ich bin reich. • Ich bin reich.

Danke

Dies ist meine Gelegenheit, all den wunderbaren Menschen zu danken, die zusammengekommen sind, um an *Countdown zum Reichtum* zu arbeiten und mit ihren unglaublichen Talenten und ihrer Kompetenz dazu beizutragen. Für uns alle bei *The Secret* wurde dieses Buch mit der alleinigen Intention geschaffen, Freude und Reichtum ins Leben der Menschen zu bringen.

An das wunderbare Team von The Secret: meinen ewigen Dank. Ich bin so gesegnet, mit jedem Einzelnen von euch arbeiten zu dürfen. Wir sind schon lange ein Team. Wir stehen uns nahe, und wir lieben, was wir tun. Ich denke, das sagt schon allesTo our fantastic audio team who worked with me on the recording of the affirmations: engineer Philip Rohr; producer Skye Byrne; and our amazing postproduction team, Paul Harrington, Tim Patterson, and David Gild.

Skye Byrne, deren redaktionelle Fähigkeiten und ihr tiefes Verständnis der Prinzipien dieses Buches sie zu einer unschätzbar wertvollen Mitarbeiterin machen: Ohne sie wäre dieses Buch nicht, was es ist. Der Produzent Paul Harrington, der bei diesem Buch eng mit mir zusammengearbeitet hat, und Glenda Bell, unsere wunderbare Recherchemitarbeiterin, die alles dafür getan hat, die Genehmigungen für all die wunderbaren Zitate im Buch zusammenzutragen. Zusammen mussten sie in sehr kurzer Zeit ein Wunder vollbringen, und das taten sie dann auch. Das Marketingteam, das man nur als Naturgewalt bezeichnen kann: Jason Krutzsch, Josh Gold und Paul Harrington. Das Grafikteam: der Kreativdirektor Nic George, dessen Engagement und Genie beim Cover und den Illustrationen im Buch die Messlatte sehr hoch legten. Und Josh Hedlund, der mit Nic Hand in Hand arbeitete, sodass seine Kreativität auf diesen Seiten immer wieder aufblitzt. Don Zyck, unser Finanzvorstand, der die wenig beneidenswerte Aufgabe hat, mit Zahlen und Verträgen zu jonglieren, wofür wir alle sehr dankbar sind. Er ist ein vielgeliebter und unverzichtbarer Teil unseres Teams. Bob Rainone übernahm die enorme Aufgabe, die internationale Webseite für die Affirmationen zu schaffen. Dadurch trug er vieles zur technischen Seite von *Countdown zum Reichtum* bei und sorgte dafür, dass die Affirmationen in allen Ländern der Erde gehört werden können. Unser fantastisches Audio-Team, das mit mir an der Aufzeichnung der Affirmationen gearbeitet hat: Ingenieur Philip Rohr; Produzentin Skye Byrne und unser wunderbares Postproduktionsteam, bestehend aus Paul Harrington und Tim Patterson.

Mein aufrichtiger und von Herzen kommender Dank geht an unseren Verlag Harper Collins und an alle bei Harper One, die zu *Countdown zum Reichtum* beigetragen haben. Die Verlegerin bei Harper One und meine australische Landsmännin Judith Curr. Unsere Arbeitsbeziehung und unsere Freundschaft bestehen seit Jahren, und Judith gehört zu den brillantesten und von mir höchstgeschätzten Menschen im Verlagsgeschäft. Mein Dank geht ebenfalls an: Lektoratsleitung Nina Shield; Lektorin Daphney Guillaume; Art Director Stephen Brayda; Cheflektorin Suzanne Quist; Design Managerin Yvonne Chan; Produktionsmanagerin Anna Brower; Produktionslektorin Crissia Molina; Korrektorin Natalie Blachere; Verwaltungsassistentin Olivia Rivera; Fahnenkorrektorin Amanda Irle. Dazu noch das Marketing- und Publicity-Team: Executive Director of Marketing Aly Mostel; Executive Director of Publicity Melinda Mullin; Marketing Director Julia Kent; stellvertretende Herausgeberin Laina Adler; Marketing-Assistentin Madeline Shean.

Danke auch an meine Freunde und Familienmitglieder für ihre beständige Liebe und ihre unerschütterliche Unterstützung. An meine Schwestern, die ich so sehr liebe: Pauline Vernon, Glenda Bell (die als hochgeschätztes Mitglied des The-Secret-Teams meine spirituelle Reise jeden Tag unterstützt) und Janine Child. Die Familien meiner Schwestern: George Vernon; Lisa und James Brayshaw; Brayden und Charlotte; Kim (meine wahrheitssuchende Nichte) und John Wall; Paris und Chloe; Loren Bell; Britanny und Alex Tsandefskis; Eva, Ilo und Hugo und Brad Collins. Und meine unmittelbare Familie: Tochter Hayley Byrne; ihre Tochter Savannah; Savannahs Vater Paul Cronin; meine Tochter Skye Byrne McKemy; ihr Mann Kevin (Kid) McKemy und ihre drei Kinder, Henley, River und Willow – die alle zusammen mein Daseinsgrund sind.

Lebenslange Freundschaften sind selten, und so bin ich gesegnet mit der Freundschaft mit Elaine, Bate, Peter Byrne, Mark Weaver, Fred Nalder und Philomena Ioannadis. Und mit den spirituellen Freundschaften, die mir teuer sind: zu den spirituellen Lehrern Laura Lucille, Peter Dzubian, Hale Dwoskin, Mooji und Rupert Spira.

Ich bin von Dankbarkeit überwältigt, dass ich dieses Leben leben darf, voll erwacht, sodass ich mich Tag für Tag sonnen kann im Wunder der Wahrheit. Mein Leben widme ich dem Bestreben, an euch weiterzugeben, was ich entdeckt habe.

Über die Autorin

Rhonda Byrne ist die Schöpferin und Executive Producerin des Films *The Secret*. Sie hat auch die Kinoversion produziert – *The Secret: Dare to Dream*. Und sie ist Autorin folgender Bücher: *The Secret*, *The Power*, *The Magic*, *Hero*, *The Secret – das Praxisbuch für jeden Tag*, *Wie* The Secret *mein Leben veränderte*, *The Greatest Secret – das größte Geheimnis*, *The Secret – Liebe, Gesundheit und Geld*. Und sie hat die *The Secret-Manifestationskarten* geschaffen.

Rhonda kam in Australien zur Welt und begann ihre Karriere als Radioproduzentin, bevor sie zum Fernsehen wechselte. 2006, als sie den von Millionen Menschen gesehenen Dokumentarfilm *The Secret* herausbrachte, nahm ihr Leben eine radikale Wendung. Sie veröffentlichte das Buch *The Secret*, auch dies ein weltweiter Bestseller, der in mehr als 50 Sprachen übersetzt und über 34 Millionen Mal verkauft wurde.

Das Buch *The Secret* kam im November 2006 heraus und stand dann mehr als 200 Wochen lang an der Spitze der New-York-Times-Bestsellerliste. *USA Today* bezeichnete das Buch als einen der 20 erfolgreichsten Bestseller der letzten 15 Jahre. Im Januar 2007 nahm Rhonda zusammen mit vier Lehrern aus dem Dokumentarfilm *The Secret* an der Oprah-Winfrey-Show teil. Im Mai 2007 kürte das *Time Magazine* sie zu den einflussreichsten Menschen der Welt: »The *Time* 100: The People Who Shape Our World.« Bald darauf nahm auch *Forbes* sie in die Reihe seiner Berühmtheiten auf: »The Celebrity 100«-Liste.

2010 setzte Rhonda ihre Arbeit mit *The Power* fort. Auch dieses Buch wurde sofort zum *New-York-Times*-Bestseller. *The Power* ist mittlerweile in 48 Sprachen erhältlich. Das Buch *The Magic* kam 2012 heraus, *Hero* 2013. 2013 wurde auch *The Secret – das Praxisbuch für jeden Tag veröffentlicht* (in Deutschland 2014; Anm. d. Red.). In *Wie* The Secret *mein Leben veränderte* berichten Menschen, wie ihr Leben von der Botschaft von *The Secret* verändert wurde. Das 2020 erschienene Buch *The Greatest Secret – das größte Geheimnis* nimmt seine Leser mit in die Welt jenseits des Materiellen, in das Reich der Spiritualität. Eine Sammlung von drei Audiobüchern in der The Secret Masterclass-Serie kam ebenfalls

2020 heraus: *The Secret to Money*, *The Secret to Health* und *The Secret to Relationships*. Diese Masterklasse wurde 2022 in einem Buch zusammengefasst: *The Secret – Liebe, Gesundheit und Geld*. 2020 war Rhonda Produzentin des Kinofilms *The Secret: Dare to Dream*, der auf ihrem Buch *The Secret* beruht. Im Film treten die Stars Katie Holmes, Josh Lucas und Jerry O'Connell auf. 2023 erschienen dann T*he Secret-Manifestationskarten*: 65 wunderschöne und inspirierende Karten, die auf den ursprünglichen Manifestationslehren von *The Secret* beruhen.

Quellenangaben

Seite 19: Charles F. Haanel, The Master Key System: der Universalschlüssel zu einem erfolgreichen Leben, 2012, Goldmann, übers. von Elisabeth Liebl, S. 207. Die Rechte an der Nutzung der deutschen Übersetzung liegen beim Arkana Verlag, München, in der Penguin Random House Verlagsgruppe GmbH.

Seite 25: Eric Butterworth, Spiritual Economics, 1983, Unity Books. Abdruck mit Erlaubnis von Unity Books.

Seite 35: Edinburger Vorlesungen über die Mentalwissenschaft, 2015, Edition Solis, übers. von Niclas Rosenau, S. 93. Die Rechte an der Nutzung der deutschen Übersetzung liegen bei Edition Solis, Münstertal.

Seite 43 und 101: Die Zitate von Norman Vincent Peale stammen aus seinen Büchern You Can If You Think You Can und Treasury of Courage and Confidence. Die Rechte liegen bei der Peale Foundation. In der vorliegenden Ausgabe übersetzt von Elisabeth Liebl.

Seite 43: Rhonda Byrne, The Secret, 2007, Arkana, übers. von Karl Friedrich Hörner, S. 27. Die Rechte an der Nutzung der deutschen Übersetzung liegen beim Arkana Verlag, München, in der Penguin Random House Verlagsgruppe GmbH.

Seite 49: Charles F. Haanel, The Master Key System: der Universalschlüssel zu einem erfolgreichen Leben, 2012, Goldmann, übers. von Elisabeth Liebl, S. 256. Die Rechte an der Nutzung der deutschen Übersetzung liegen beim Arkana Verlag, München, in der Penguin Random House Verlagsgruppe GmbH.

Seite 75: Geneviève Behrend, Your Invisible Power – Ihre unsichtbare Macht, 2018, Tredition, S. 85. Die Rechte an der Nutzung der deutschen Übersetzung liegen bei tredition GmbH, Ahrensberg.

Seite 101: Die Bibel nach Martin Luthers Übersetzung, 2016, Deutsche Bibelgesellschaft, Mt 25, 29. Die Rechte an der Luther-Übersetzung liegen bei der Deutschen Bibelgesellschaft, Stuttgart.

Seite 107: Geneviève Behrend, Your Invisible Power – Ihre unsichtbare Macht, 2018, Tredition, S. 81. Die Rechte an der Nutzung der deutschen Übersetzung liegen bei tredition GmbH, Ahrensberg.

Seite 113: James Allen, Wie der Mensch denkt, so lebt er, 2025, mvg Verlag, übersetzt v. Alfons Winkelmann, S. 55. Die Rechte an der Nutzung der deutschen Übersetzung liegen beim mvg Verlag, München, in der Münchner Verlagsgruppe GmbH.

Seite 119: Catherine Ponder, Die dynamischen Gesetze des Reichtums, 1992, Goldmann, übersetzt v. Thea Jung, S. 35. Die Rechte an der Nutzung der deutschen Übersetzung liegen beim Arkana Verlag, München, in der Penguin Random House Verlagsgruppe GmbH.

Seite 125: Earl Nightingale, Das seltsamste Geheimnis, 2008, Life Success Media GmbH. Die Rechte an der Nutzung der deutschen Übersetzung liegen bei Life Success Media GmbH, Innsbruck.

Seite 131: Rhonda Byrne, The Secret, 2007, Arkana, übers. von Karl Friedrich Hörner, S. 117. Die Rechte an der Nutzung der deutschen Übersetzung liegen beim Arkana Verlag, München, in der Penguin Random House Verlagsgruppe GmbH.

Seite 149: Jim Rohn, The Treasury Quotes by Jim Rhon, 1994, Rohn International/Success Enterprises. Jim Rohn ist eine eingetragene Marke von SUCCESS Enterprises LLC. Verwendung mit Genehmigung.

Seite 161: Lester Levenson u. Hale Dwoskin, Das Glück ist schon da entdecke es: Und es ist leichter als du denkst, 2022, Enalogos Publishing, übersetzt v. Ingrid Hoffamann u.a., S. 50. Die Rechte an der Nutzung der deutschen Übersetzung liegen bei Enalogos Publishing, Iași.

Seite 167: Napoleon Hill, Die deutsche Ausgabe von Think and grow rich, 2019, FinanzBuch Verlag, übers. von Petra Pyka, S. 46. Die Rechte an der Nutzung der deutschen Übersetzung liegen beim FinanzBuch Verlag, München, in der Münchner Verlagsgruppe GmbH.

Wir danken allen Verlagen für die freundliche Genehmigung zum Abdruck.

Wo die Rechte bis zum Zeitpunkt des Drucks nicht geklärt werden konnten, bitten wir um Kontaktaufnahme.

Für weitere Informationen über

The Secret und Rhonda Byrnes Arbeit,

besuchen Sie THESECRET.TV